Gustav Keller · Mehr behalten, weniger vergessen!

Gustav Keller

MEHR BEHALTEN, WENIGER VERGESSEN!

Gedächtnistraining für den Alltag

Bibliografische Information der Deutschen Nationalbibliothek
Die Deutsche Nationalbibliothek verzeichnet diese Publikation in der
Deutschen Nationalbibliografie; detaillierte bibliografische Daten sind im
Internet über http://dnb.dnb.de abrufbar.

© 2017 Gustav Keller
Satz: Buch&media GmbH, München
Umschlaggestaltung, Herstellung und Verlag: BoD – Books on Demand
ISBN 978-3-7431-2400-4

Inhalt

1. Einleitung........................7
2. Meine Gedächtnisleistung...............9
3. Das menschliche Gedächtnis................12
4. Grundtechniken für ein gutes Gedächtnis........26
   4.1 Sich gut konzentrieren........................ 27
   4.2 Mehrere Sinneskanäle nutzen.................... 30
   4.3 Informationen verknüpfen 33
       4.3.1 Visualisieren........................... 34
       4.3.2 Emotional einfärben...................... 36
       4.3.3 Rhythmus und Reim 37
       4.3.4 Loci-Technik........................... 38
       4.3.5 Geschichten-Technik 39
       4.3.6 Anfangsbuchstaben-Technik 41
       4.3.7 Memoriersysteme 42
   4.4 Informationen ordnen 45
   4.5 Gedächtnisinhalte wiederholen.................... 47
   4.6 Gedächtnisinhalte abrufen 50
5. Bewältigung täglicher Merksituationen..........52
   5.1 Zahlen merken............................. 53
   5.2 Namen merken............................. 56
   5.3 Fachbegriffe merken 58

5.4 Vokabeln merken	60
5.5 Textinhalte merken	65
5.6 Texte auswendig lernen	71
5.7 Vortragsinhalte merken	74
5.8 Wegbeschreibungen merken	77
5.9 Termine merken	79
5.10 Einkaufslisten merken	81
5.11 Prüfungsstoff merken	84
5.12 Routinehandlungen merken	87
5.13 Verlegte Dinge wiederfinden	90

6. Gesundheit und Gedächtnis 92

6.1 Gesunde Ernährung	93
6.2 Ausreichend Schlaf	95
6.3 Sportliche Betätigung	96
6.4 Gezielte Entspannung	97

7. Zehn wirksame Gedächtnistipps 104

8. Mein Änderungsprogramm 106

9. Erfolgskontrolle 107

10. Glossar 110

11. Internetadressen 113

12. Literatur 115

13. Lösungen 118

1. Einleitung

Das größte Denkmal ist das Gedächtnis.
PERIKLES, 495–429 V. CHR.

Im alten Griechenland gab es eine Göttin, die eigens für das Gedächtnis zuständig war. Sie hieß Mnemosyne. Von ihrem Namen leitet sich der Begriff Mnemotechnik (Gedächtniskunst) ab.

Man hatte also schon in der Antike erkannt, dass das Gedächtnis eine wesentliche Voraussetzung für unser Denken und Handeln ist. Ohne Gedächtnis befinden wir uns im Zustand extremer Hilflosigkeit. Sowohl im Privatleben als auch im Beruf ist das Merken und Erinnern eine ständige Aufgabe, die gut erledigt sein will.

Trotz externer Gedächtnishilfen (z. B. Kalender, Memozettel, Organizer) müssen wir Informationen nach wie vor mit dem natürlichen Gedächtnis speichern und abrufen. Denn es gibt viele Situationen, in denen der Biocomputer in unserem Gehirn das einzige Speichermedium ist. Dann müssen wir uns auf sein Funktionieren verlassen können.

Der Gebrauch des natürlichen Gedächtnisses lässt sich erleichtern, steuern und verbessern. Hierfür brauchen Sie als Gedächtnisbenutzer ein entsprechendes Know-how. Zum einen müssen Sie wissen, wie das Gedächtnis funktioniert. Zum anderen benötigen Sie effektive Gedächtnistechniken. Dieses Rüstzeug verständlich und praxisnah zu vermitteln ist Ziel des vorliegenden Buches. Es basiert auf neuropsychologischen Erkenntnissen und jahrzehntelangen lernpsychologischen Praxiserfahrungen. Wenn Sie dieses Wissen erworben haben, besitzen Sie ein gutes Metagedächtnis. Es ist das Gedächtnis über das Gedächtnis. Das heißt: Sie wissen mehr über Ihr eigenes Gedächtnis, können Ihre Gedächtnistätigkeit genauer überprüfen und wirksamer verbessern.

Am Beginn des Buches schätzen Sie mit Hilfe eines Analysebogens Ihren Trainingsbedarf ein. Danach erfahren Sie, was im Gehirn vorgeht, wenn Informationen aufgenommen, gespeichert und abgerufen werden. Dabei wird auch erklärt, warum Sie vergessen. Der Schwerpunkt des Gedächtnistrainings ist die übungsbezogene Vermittlung allgemeiner und spezieller Gedächtnistechniken. Damit lässt sich die Gedächtnisleistung wirksam verbessern. Schließlich wird auch dazu angeleitet, wie das Gedächtnis durch die Pflege der Gehirngesundheit gefördert werden kann.

Arbeiten Sie das Buch Kapitel für Kapitel durch. Beginnen Sie mit der Selbsteinschätzung Ihrer aktuellen Gedächtnisleistung und finden Sie in den einzelnen Trainingseinheiten heraus, wie Sie Ihre Gedächtnistechnik konkret verbessern können.

Tragen Sie Ihre Änderungsziele (Was möchte ich ändern?) und Ihre Änderungsmethoden (Wie möchte ich es ändern?) in Ihr Änderungsprogramm ein (s. Kapitel 8). Setzen Sie das Änderungsprogramm in den Alltag um. Und kontrollieren Sie nach cirka sechs Wochen Ihren Trainingserfolg mit Hilfe der Bilanzfragen und der erneuten Einschätzung Ihrer Gedächtnisleistung (s. Kapitel 9).

Steigen Sie optimistisch in dieses Gedächtnistraining ein. Beachten Sie, dass der Trainingserfolg nicht nur von den zu erlernenden Gedächtnistechniken abhängt, sondern auch von einer positiven Einstellung zur eigenen Merkfähigkeit. Das heißt vor allem: Reden Sie sich nicht ein, ein schlechtes Gedächtnis zu haben, sondern betrachten Sie es als eine durch Lernen veränderbare psychische Funktion.

Ich wünsche Ihnen, liebe Leserinnen und Leser, viel Motivation, positive Selbsterkenntnisse und Trainingserfolge!

2. Meine Gedächtnisleistung

Der Anfang der Selbstbesserung ist Selbsterkenntnis.
BALTASAR GRACIÁN

Wenn Sie Ihre Zufriedenheit mit der gegenwärtigen Gedächtnisleistung genauer einschätzen möchten, sollten Sie den folgenden Analysebogen ausfüllen. Je höher der ermittelte Punktwert, umso dringlicher ist Ihr Trainingsbedarf.

Kreuzen Sie an, in welchem Ausmaß die 15 Aussagen auf Sie zutreffen. Sie haben jeweils vier Antwortalternativen:

4 = Die Aussage trifft auf Sie sehr oft zu.

3 = Die Aussage trifft auf Sie oft zu.

2 = Die Aussage trifft auf Sie manchmal zu.

1 = Die Aussage trifft auf Sie selten zu.

Meine Gedächtnisleistung

		Sehr oft	oft	manchmal	selten
1.	Ich habe Schwierigkeiten mit dem Erinnern von Passwörtern.	4	3	2	1
2.	Mein Gedächtnis ist in Stresssituationen störanfällig.	4	3	2	1
3.	Ich vergesse Termine.	4	3	2	1
4.	Es fällt mir schwer, den Inhalt eines Textes zu merken.	4	3	2	1
5.	Ich kann Wegbeschreibungen nicht behalten.	4	3	2	1
6.	Ich vergesse, wo ich Dinge abgelegt habe.	4	3	2	1
7.	Ich suche nach Wörtern, die mir auf der Zunge liegen.	4	3	2	1
8.	Ich brauche lange, bis ich ein Gedicht auswendig aufsagen kann.	4	3	2	1
9.	Es kommt vor, dass mir ein Name nicht einfällt.	4	3	2	1
10.	Ich muss mich vergewissern, ob ich die Herdplatte ausgeschaltet habe.	4	3	2	1

Meine Gedächtnisleistung

		Sehr oft	oft	manchmal	selten
11.	Beim Lernen von Vokabeln lässt mein Gedächtnis zu wünschen übrig.	4	3	2	1
12.	Es kann passieren, dass ich nicht weiß, was ich tun wollte.	4	3	2	1
13.	Das Einprägen von Fachbegriffen ist für mich ein Problem.	4	3	2	1
14.	Ich neige dazu, Vorträge aus Furcht vor Gedächtnisblockaden abzulesen.	4	3	2	1
15.	Mit dem Einprägen von Einkaufslisten tue ich mich schwer.	4	3	2	1

Addieren Sie die angekreuzten Zahlen.
Der Maximalwert beträgt 60 und der Minimalwert 15.
Tragen Sie Ihr Ergebnis in die folgende Skala ein.

15   20   25   30   35   40   45   50   55   60

3. Das menschliche Gedächtnis

Das Gedächtnis ist das Bindemittel,
das unser geistiges Leben zusammenhält.
ERIC KANDEL

Das Gedächtnis ist eine komplexe geistige Funktion, die das Einprägen, Speichern, Erinnern und Wiedererkennen umfasst. Es ermöglicht die Vergegenwärtigung dessen, was man erfahren und erlebt hat. Ein intaktes Gedächtnis ist unabdingbare Voraussetzung für erfolgreiches Lernen, Denken und Handeln.

Sitz unseres Gedächtnisses ist das Gehirn. Es ist unser Merk-Organ. Dort vollziehen sich die komplexen Gedächtnisprozesse. Das Gehirn steuert Körper, Geist und Seele. Es ist jener Teil des zentralen Nervensystems, der in der Schädelhöhle liegt. Es wird von drei Hirnhäuten umhüllt und wiegt durchschnittlich 1400 g. Seine stark gefaltete Oberfläche umfasst 2400 cm². Obwohl es nur 2% der Körpermasse ausmacht, beansprucht es 20% des körperlichen Energiebedarfs. Es deckt ihn durch Glukose (Traubenzucker) und Sauerstoff.

Ausgestattet ist das Gehirn mit etwa 100 Milliarden Neuronen (Nervenzellen). Darüber hinaus gibt es dort zehnmal so viele Gliazellen, deren Aufgabe es ist, die Neuronen zu stützen, zu versorgen und zu schützen. Jedes Neuron ist mit bis zu 10000 anderen verschaltet.

Den größten Teil unserer Steuerzentrale bildet das Großhirn, das drei Viertel des Gehirnvolumens ausmacht. Es besteht aus zwei spiegelgleichen Hälften (Hemisphären), der linken und der rechten Gehirnhälfte. Sie sind durch einen dicken Nervenstrang, den Balken, miteinander verbunden. Die Nervenbahnen zwischen den Gehirnhälften und den Körperhälften verlaufen über Kreuz. Das heißt, dass die linke Gehirnhälfte den rechten Körperteil steuert und die rechte Gehirnhälfte den linken Körperteil. Eine weitere Besonderheit ist, dass die linke Gehirnhälfte schwerpunktmäßig eher sprachliche Informationen verarbeitet und die rechte mehr auf bildlich-räumliche Aufgaben spezialisiert ist.

Die äußere, 2-4 mm dicke Schicht der beiden Gehirnhälften wird Großhirnrinde (Cortex Cerebri) genannt. Sie gliedert sich in vier Lappen, die in Windungen und Furchen gefaltet sind:

- Stirnlappen (Frontallappen)
- Schläfenlappen (Temporallappen)
- Scheitellappen (Parietallappen)
- Hinterhauptlappen (Okzipitallappen).

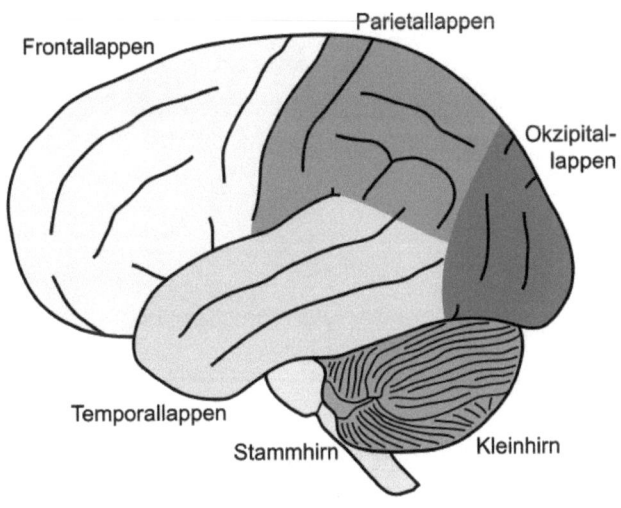

Abb. 1 Hirnlappen

Auf diesen Hirnlappen befinden sich Rindenfelder, die mit bestimmten psychischen Funktionen in Zusammenhang stehen. Den vorderen Bereich des Gehirns nimmt der Stirnlappen ein. Er verrichtet Aufgaben wie das Denken, Entscheiden, Urteilen, Planen und die Willkürmotorik. Im seitlich liegenden Schläfenlappen werden akustische Informationen und Geruchsempfindungen empfangen und interpretiert. Hinter dem Stirnlappen befindet sich der Scheitellappen. In diesem Gehirnbereich werden Körperempfindungen wie Temperatur, Geschmack und Berührung verarbeitet. Im Hinterhauptlappen, der sich auf der Rückseite des Gehirns befindet, liegt das Sehzentrum.

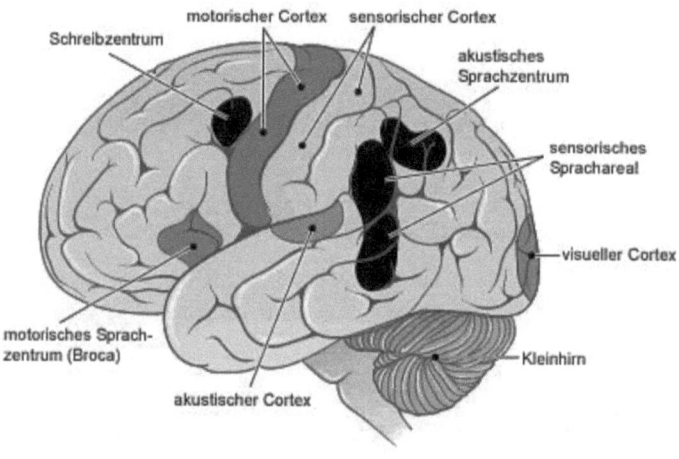

Abb. 2 Rindenfelder des Gehirns

Gedächtnisprozesse sind nicht an spezielle Hirnareale gebunden. Sie sind ein Zusammenspiel verschiedener Rindenfelder.

Bevor Informationen auf die Großhirnrinde gelangen, passieren sie das limbische System, das sich am unteren Rand des Großhirns befindet. In dieser Funktionseinheit liegt der wie ein Seepferdchen aussehende Hippocampus. Er entscheidet nach Neuigkeit und Wichtigkeit, was eingespeichert werden soll. Wenn der Hippocampus ausfällt, wird alles, was ins Gehirn gelangt, rasch vergessen. Diese Erkenntnis verdanken wir dem Patienten Henry M., der sich 1953 wegen seiner epileptischen Anfälle einer Hirnoperation unterzog. Bei dieser wurde ihm der Hippocampus entfernt. Nach dem Eingriff wurde sein altes Leiden durch ein neues abgelöst. Er konnte nun nichts mehr Neues langzeitlich speichern.

In einem anderen Abschnitt des limbischen Systems befindet sich die mandelförmige Amygdala. Sie ist die Verarbeitungsstation für Emotionen. Unter anderem werden dort Gedächtnisinhalte mit Gefühlen verknüpft.

Geistige Tätigkeit bedeutet immer, dass im Gehirn Informationen in Form elektrischer Ströme ausgetauscht werden. Der Austausch erfolgt durch die Neuronen. Diese Schalteinheiten können Informationen empfangen, verarbeiten und weiterleiten. Ein Neuron besteht aus:

- Soma (Zellkörper)
- Dendriten: baumartigen Fasern, die Signale empfangen
- Axon: lang gezogenen Fortsatz, der Signale weiterleitet.

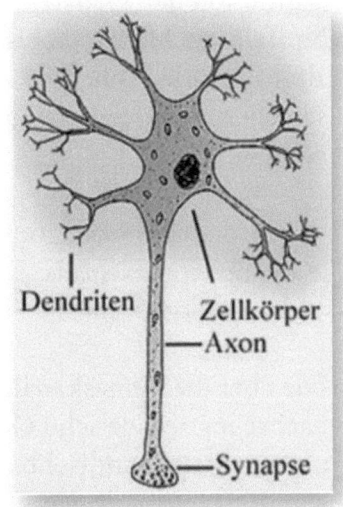

Zwischen den Neuronen des Gehirns gibt es 100–500 Billionen Verbindungsstellen (Synapsen). Der winzige Zwischenraum in der Verbindungsstelle wird synaptischer Spalt genannt. Damit ein elektrischer Impuls von einem Neu-

Abb. 3 Struktur eines Neurons

ron zum anderen gelangt, wird dieser mit Hilfe der Ausschüttung chemischer Botenstoffe (Neurotransmitter) überbrückt.

Eine erfolgreiche Gedächtnisspeicherung zeigt sich durch Veränderung der Synapsen. Dabei sind dreierlei Vorgänge möglich:

- Es wird die Übertragungsstärke der Kontaktstelle erhöht.
- Es werden neue Kontaktstellen gebildet.
- Es werden alte Kontaktstellen abgebaut.

Die Gedächtnisinhalte sind auf der Großhirnrinde in Form miteinander vernetzter Neuronen archiviert. Deshalb nennt man diese Gebilde auch Neuronennetze. Je vernetzter eine Information ist, desto besser bleibt sie im Gedächtnis haften. Diese Substrate der Erinnerung werden als Gedächtnisspuren beziehungsweise Engramme bezeichnet.

Was den zeitlichen Ablauf der Gedächtnisbildung betrifft, geht die Gedächtnispsychologie von einem mehrstufigen Prozess aus. Dieser wurde von den Gedächtnisforschern Richard Atkinson und Richard Shiffrin im Mehrspeicher-Modell näher beschrieben (Gruber 2012). Ihm liegt die Annahme zugrunde, dass während der Informationsspeicherung drei miteinander verbundene Teilsysteme durchlaufen werden:

- sensorisches Gedächtnis
- Kurzzeitgedächtnis
- Langzeitgedächtnis.

Die über die Sinneskanäle eintreffenden Informationen gelangen zunächst ins sensorische Gedächtnis, das mit dem Puffer einer Computertastatur vergleichbar ist. Dort werden sie 0,5 bis 2 Sekunden gepuffert. Wird ihnen genügend Aufmerksamkeit zuteil, erreichen sie das Kurzzeitgedächtnis. Dieser Speicher hat nur eine sehr begrenzte Kapazität, und zwar 7 +/- 2 Informationseinheiten (z. B. Wörter, Ziffern). Die Speicherungszeit beträgt 15 bis 20 Sekunden.

Das Kurzzeitgedächtnis wird analog dem Arbeitsspeicher eines Computers auch Arbeitsgedächtnis genannt. Es besteht nach Baddeley (1990) aus drei Komponenten:

- visuell-räumlicher Notizblock für die kurzfristige Speicherung optischer Informationen
- phonologische Schleife für die kurzfristige Speicherung von akustisch-verbalen Informationen
- zentrale Exekutive, die anordnet, was mit welcher Dringlichkeit bearbeitet wird.

Im Arbeitsgedächtnis werden die neuen Informationen geordnet, mit bereits vorhandenem Wissen verknüpft und wiederholt. Danach gelangen sie in das Langzeitgedächtnis, dessen Speicherkapazität nahezu unbegrenzt ist. Es ist die Festplatte unseres Biocomputers.

Hinsichtlich der Art der gespeicherten Informationen werden zwei Systeme unterschieden. Das eine ist das deklarative Gedächtnis. In ihm sind persönliche Erlebnisse und gelernte Fakten enthalten. Das andere ist das prozedurale Gedächtnis. In ihm sind Fertigkeiten gespeichert, die im Falle eines Gebrauchs ablaufen, ohne dass man darüber groß nachdenken muss.

Wenn wir gespeicherte Informationen wieder brauchen, wird der bewusste Abruf vom Stirnlappen aus in Gang gesetzt. Dann tasten Abrufsignale die Regalreihen der Hirnbibliothek ab. Erreichen sie die gewünschte Information, werden dieselben Neuronen aktiv, die am Einspeichern beteiligt waren. Somit wird der Gedächtnisinhalt uns wieder gegenwärtig. An diesem Prozess der Erinnerung ist auch der Hippocampus beteiligt.

Nicht selten lässt uns das Gedächtnis im Stich. Entweder gelangen die Informationen erst gar nicht ins Langzeitgedächtnis oder sie sind dort zwar gespeichert, können jedoch nicht abgerufen werden. Nach der Aufnahme von neuen Informationen wird zunächst schnell und danach immer langsamer vergessen. Dies hat Hermann Ebbinghaus (2011) experimentell nachgewiesen und in Form einer Vergessenskurve dargestellt.

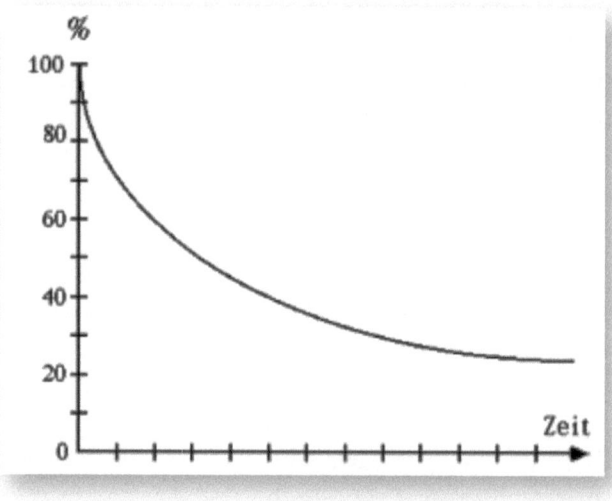

Abb. 4 Vergessenskurve

Am Vergessen sind unterschiedlichen Faktoren beteiligt. Einleuchtend ist, zunächst den Wiederholungsmangel zu nennen. Gedächtnisspuren, die nicht erneut aktiviert werden, verfallen im Lauf der Zeit.

Wer einer Information kein Interesse und keine Aufmerksamkeit zuteil werden lässt, braucht sich nicht zu wundern, wenn sie rasch wieder vergessen wird. Desinteresse und Unaufmerksamkeit zählen zu den häufigsten Gedächtniskillern.

Des Weiteren sind es die sogenannten Interferenzen, die uns etwas vergessen lassen. Unter den verschiedenartigen Interferenzen kommen pro- und retroaktive Hemmungen am häufigsten vor. Sie treten dann auf, wenn Informationen zu dicht gedrängt angeeignet werden. Wenn die zuerst aufgenommenen Informationen die Erinnerung der nachfolgenden beeinträchtigen, liegt eine proaktive Hemmung vor. Stören die später aufgenommenen Informationen die Erinnerung der zuerst angeeigneten spricht man von retroaktiver Hemmung. Wenn hintereinander inhaltlich ähnliche Informationen ins Gehirn gelangen, kann es ebenfalls zu Gedächtnishemmungen kommen. Diese treten oft beim Vokabellernen auf und werden Ähnlichkeitshemmungen genannt. Auch starke affektive Erregungen können die Speicherung und den Abruf von Informationen stören. So kann Angst das Erinnern empfindlich blockieren. Wird kurz vor einer Prüfung nochmals neuer Stoff gelernt, kann die bioelektrische Aktivität des neuen Lernprozesses den Abruf alten Stoffes verhindern (= Erinnerungshemmung). Und schließlich treten auch Gedächtnishemmungen auf, wenn man während eines Merkprozesses die Aufmerksamkeit gleichzeitig mehreren Inhalten zuwendet. Dieses Phänomen wird als Gleichzeitigkeitshemmung bezeichnet.

Die Speicherdauer nimmt auch ab, wenn an der Informationsaufnahme nur ein Sinneskanal (z. B. Lesen) beteiligt ist. Die neue Information wird dann nur in einem Feld der Großhirnrinde gespeichert, was zur Folge hat, dass eine Mehrfachverankerung und Vernetzung nicht möglich ist und im Bedarfsfalle nur ein Abrufweg zur Verfügung steht.

Aus dem Gedächtnis wird außerdem das eher verloren, was man sich nur in sprachlich-abstrakter Form merkt. Es gelangt nur in die linke Gehirnhälfte, die sich mit dem Behalten wesentlich schwerer tut als die rechte Gehirnhälfte.

Auch Stress trägt zum Vergessen bei. Eine zu hohe Konzentration des in Stresssituationen ausgeschütteten Hormons Cortisol hindert das Gehirn daran, Informationen aus dem Langzeitgedächtnis abzurufen.

Es kommt immer wieder vor, dass etwas nicht erinnerbar ist, weil es verdrängt worden ist. Dieser von Sigmund Freud entdeckte Abwehrmechanismus wird wirksam, wenn Gedächtnisinhalte mit unangenehmen Gefühlen und Erfahrungen verknüpft sind. Eine unbewusste Strategie sorgt dafür, dass diese als Selbstschutz vom Bewusstsein zurückgehalten werden.

Im Verlauf des Alterungsprozesses nimmt die Vergesslichkeit zu. Nur noch eine Minderheit der Menschen verfügt im mittleren Seniorenalter über die Gedächtnisleistung, die sie im vierten Lebensjahrzehnt zeigte. Der Großteil büßt an Merkfähigkeit ein. Der Neurowissenschaftler und Nobelpreisträger Eric Kandel (2014) bezeichnet dieses Phänomen als gutartige Altersvergesslichkeit. Das Problem ist bei älteren Menschen nicht das Kurzzeit-Merken, sondern die Langzeitspeicherung, was folgendermaßen erklärt wird:

- Die Produktion der Neurotransmitter, die für den Signaltransport im Nervensystem verantwortlich sind, nimmt ab.
- Es fließt altersbedingt weniger Blut zum Gehirn, wodurch die Versorgung mit Glukose und Aminosäuren sich reduziert.
- Freie Radikale greifen zunehmend die Markscheiden der Axone an, was deren Leitungsfähigkeit beeinträchtigt.
- Das Gehirnvolumen nimmt ab, insbesondere dasjenige des Frontallappens und des Hippocampus.
- Wenn das Gedächtnis plötzlich aussetzt oder deutlich schleichend schwindet, liegt eine Gedächtnisstörung vor. Typische Ursachen sind:
  - Kopfverletzungen (z. B. Schädel-Hirn-Trauma)
  - pharmakologische Einflüsse (z. B. zu hohe Dosierung eines Medikaments)
  - toxikologische Einwirkungen (z. B. Alkoholismus, Drogenkonsum)

- degenerative Prozesse (z. B. Demenz, Alzheimer)
- Schlaganfälle und Hirntumore.

Im Falle gravierender Gedächtnisstörungen, die Eric Kandel (2014) bösartige Vergesslichkeit nennt, steigt oft die Furcht vor einer Alzheimer Erkrankung. Diese neurogenerative Erkrankung wird durch typische Eiweißablagerungen im Gehirn hervorgerufen. Sie äußert sich anfangs durch zunehmende Vergesslichkeit und im weiteren Krankheitsverlauf durch fortschreitenden Gedächtnisverlust sowie geistigen Abbau.

Wer an zunehmenden Gedächtnisstörungen leidet, handelt falsch, wenn er aus Angst vor einer Alzheimer-Diagnose Arztbesuche meidet. Er tut gut daran, ärztlichen Rat in Anspruch zu nehmen. Erste Anlaufstation ist der Hausarzt. Dieser kann nach einer Erstuntersuchung eine Überweisung an Facharztpraxen für Neurologie und Psychiatrie oder an klinische Ambulanzen (Gedächtnissprechstunde/ Memory Clinic) veranlassen. Fachkräfte klären dort ab, welche Art von Gedächtnisstörung vorliegt und welche therapeutischen Maßnahmen angezeigt sind.

Übung

Testen Sie Ihr gerade eben erworbenes Gedächtniswissen durch die Beantwortung der folgenden Fragen.

1. Wie viel wiegt das menschliche Gehirn durchschnittlich?
    - A 1000 g
    - B 1400 g
    - C 1700 g

2. In wie viele Lappen gliedert sich die Großhirnrinde?
    - A 3
    - B 2
    - C 4

3. Wie heißt die Verbindung zwischen den beiden Gehirnhälften?
    - A Hirnstamm
    - B Balken
    - C Brücke

4. Was wird in der linken Gehirnhälfte schwerpunktmäßig verarbeitet?
    - A Sprachliche Informationen
    - B Bildlich-räumliche Informationen
    - C Tastempfindungen

5. Wie viel Prozent des körpereigenen Energiebedarfs beansprucht das Gehirn?
    - A 5%
    - B 20%
    - C 10%

6. Womit deckt das Gehirn seinen Energiebedarf?

   A Glukose und Sauerstoff
   B Glukose und Eiweiß
   C Glukose und Vitamine

7. In welchem Hirnlappen liegt das Sehzentrum?

   A Scheitellappen
   B Schläfenlappen
   C Hinterhauptlappen

8. Wer spielt bei der Gedächtnisspeicherung eine entscheidende Rolle?

   A Hypophyse
   B Hippocampus
   C Hypothalamus

9. Wie heißt der Teil des Gedächtnissystems, in dem Informationen dauerhaft gespeichert werden?

   A Metagedächtnis
   B Sensorisches Gedächtnis
   C Langzeitgedächtnis

10. Wie nennt man die Schalteinheiten im Nervensystem?

    A Neurone
    B Neurite
    C Neuroglia

11. Wie nennt man die Verbindungsstellen zwischen den Neuronen?

    A Dendriten
    B Synapsen
    C Axone

12. Wodurch werden die Signale von einem auf ein anderes Neuron übertragen?

    A Hormone
    B Ionen
    C Neurotransmitter

13. Wie wird das Kurzzeitgedächtnis auch genannt?

    A Ortsgedächtnis
    B Arbeitsgedächtnis
    C Hörgedächtnis

14. Wie viele Informationseinheiten kann das Kurzzeitgedächtnis maximal aufnehmen?

    A 7 +/- 2
    B 10 +/- 2
    C 12 +/- 2

15. Wie heißt die zum limbischen System gehörende Verarbeitungsstation für Emotionen?

    A Phonologische Schleife
    B Schläfenlappen
    C Amygdala

16. Was wird im prozeduralen Gedächtnis gespeichert?

    A Fertigkeiten
    B Erlebnisse
    C Fakten

17. Von welchem Teil des Großhirns wird der bewusste Gedächtnisabruf in Gang gesetzt?

    A Stirnlappen
    B Hinterhauptlappen
    C Scheitellappen

18. Wer gilt als Pionier der Gedächtnisforschung?

    A Sigmund Freud
    B Tony Buzan
    C Hermann Ebbinghaus

19. Wie wird Gelerntes entsprechend dem Verlauf der Vergessenskurve vergessen?

    A zuerst schnell und dann immer langsamer
    B gleichmäßig
    C zuerst langsam und dann immer schneller

20. Welche Gedächtnishemmungen treten auf, wenn Informationen zu dicht gedrängt angeeignet werden?

    A Ähnlichkeitshemmungen
    B Pro- und retroaktive Hemmungen
    C Erinnerungshemmungen

4. Grundtechniken für ein gutes Gedächtnis

Die größte und schönste Erfindung ist das Gedächtnis, es ist zu allem nütze, in der Weisheit und im Leben. Nämlich erstens, wenn du aufmerkst, so wird dein Geist dessen, worauf du gemerkt hast, besser inne werden; zweitens wiederhole, was du gehört hast, denn durch oftmaliges Hören und Hersagen aus dem Gedächtnis hast du dir alles angeeignet, was du gelernt hast; drittens, was du hörst, setze auf das, was du schon weißt.
AUS DEM GRIECHISCHEN TEXTFRAGMENT DIALIXEIS,
400 V. CHR.

Manches wird abrufsicher im Gedächtnis verankert, ohne dass wir uns anstrengen und Hilfsmittel gebrauchen müssen. Anderes lässt sich partout nicht speichern oder abrufen, worüber wir uns bisweilen ärgern. Deshalb brauchen wir Fertigkeiten des Merkens und Erinnerns (Croisile 2011).

Um wichtige Informationen wirksam zu behalten, sollte sich jeder Gedächtnisbenutzer die Grundtechniken dieses Kapitels aneignen. Sie sind universell einsetzbar. Sie erweitern und stärken unsere natürliche Gedächtnisfunktion. Sie lassen sich erlernen und trainieren. Wer sie beherrscht, steigert seine Gedächtnisleistung.

4.1 Sich gut konzentrieren

Die Aufmerksamkeit ist der Meißel des Gedächtnisses.
PIERRE-MARC-GASTON DE LÉVIS

Es bedarf guter Konzentration, damit Informationen ins Gedächtnis gelangen. Beim Konzentrieren wird die Aufmerksamkeit auf einen eng umgrenzten Bereich des Wahrnehmungs- und Bewusstseinsfeldes gelenkt. Reize und Vorstellungen, die außerhalb dieses Feldes liegen, werden ignoriert.

Erleichtert wird das konzentrierte Merken, wenn man nicht nur seine Augen und Ohren, sondern auch sein Interesse auf den Merkinhalt ausrichtet. Falls äußere oder innere Ablenkungen die Aufmerksamkeit auf sich ziehen möchten, müssen sie ausgeblendet werden. Sobald man abzuschweifen beginnt, sagt man mit innerer Stimme zu sich: »Stopp, ich bleibe bei der Sache!«

Werden solche Autosuggestionen immer wieder angewandt, entsteht daraus eine automatische Konzentrationssteuerung. Dann genügt es, sich der Störung bewusst zu werden. Und die Aufmerksamkeit wandert zum Fokus zurück.

Sehr konzentrationsförderlich ist es, wenn das Multi-Tasking vermieden wird. Wer mehrere Dinge gleichzeitig tut, bekommt nur die Hälfte mit. Sowohl die Konzentrations- als auch die Gedächtnisleistung nehmen Schaden. Nur zwei Prozent der Menschen sind in der Lage, mehrere Aufgaben auf einmal zu erledigen. Deshalb sollte das parallele Erledigen von Aufgaben möglichst vermieden werden. Besser ist es, diese nacheinander auszuführen.

Wer sich konzentrieren lernen möchte, muss der Begrenztheit der Konzentrationsspanne Rechnung tragen. Bei den Erwachsenen schwankt die Konzentration in einem 60- bis 90minütigen Rhythmus. Deshalb sollten Pausen eingelegt werden, bevor sich Wahrnehmungsfehler und Merkprobleme häufen.

Übung

Streichen Sie im folgenden Buchstabenfeld alle Buchstaben durch, die auch im Alphabet unmittelbar aufeinander folgen, wie bc oder lm. Ihnen stehen hierfür 10 Minuten zur Verfügung. Stellen Sie einen Kurzzeitwecker auf diese Zeit ein.

```
a m t l z y n q e b f w u l w b r f a q v j n e y m r s d b
s d e i w e d r h v q r n b y x f j p v r a q u m m u s z g
r n y g o r g c u t b j n q t w z f j i b g c e f j a o d n
k x i r k s d y w h x f g u k z r m c k u s l p f r q q f h
m a l i u a s c h e i n w e l t f e i n i j r d f n a z u b
k n o t e n b b c l i h b r k z t l h g t h a l a m s a b k
o p t z d o c h a t r b o l d s a m m e z o k y l n k a t h
z o r l i m k o z t a k q i g t l m i m m e u a a r q e u f
n w v i z n a u x t k v w a k m e i o r l a e n s x w i w b
l o g e n p l r a z f r j o t y d h m w c g l q u w v a h m
s x c r g p j n t s l t w d e z b y v p m w x h d n p q e j
z u w t p l g c p b r c e k f p v z o r x i m y a f s t b d
b m t p q o f r n l w n u z c u r x i f k g r n s g t d f u
s k m x n a t p h e k b x g v l z n i m p h u x k s d u v h
a w e n x r e i c d g i m i u n r m o h e b n e t o i h g l
y z r b o c u e h m k e a s g n b c a t r d b g f r i k m w
k s d p m h q y a k z i s r e q e i g c j o z s t b v d u w
m z y z n d u f h a u g c h b i c j n o a c k d e m f o g n
h u p i g j t b s r z w g s r c u j v l y c g m t x y e g n
f o d l r w m x j m z k p d g t b n h j w j g u a y l w a m
f g z r o h a l j l x d n g p u c k r o b r q i w r j a b a
n a s m z g s u f g o p b g k w t n p d n z d m t b k u w x
x d u y h z e g l d f t z i w a c k x f h p z g h f d k r g
o q t n x m y u o z d r k w r g t c i k l v f j m x n d h e
r b q p e r q c h i t k x m v z g u k o d t r b w j y z v g
s n h t m e q g o z b r m u w n b c c h w i z j b m x r q f
s i r p v w c z k j o g y a k w f n l x g z u d s l w h r o
v x k a l e c k m i c h f g a m a r t d l x c s r e k y f s
a g h z i b o g u x j v d z e n h w i j t f e m g s z t k l
p q m o r t w n f q l r g b q p b j a m d x n z h k r d t s
a h x v e u p z n t m h b p i r b z l h g h a g e d u r a u
u t h c f s e r w a d t w y t d l u d e m f a o u b r a c h
g w m p z p o d w f v k x b z d c a q j n m i x y v e b l g
```

Merkvers

Bist du nicht aufmerksam,
ist nur wenig einprägsam.

4.2 Mehrere Sinneskanäle nutzen

Je mehr Wahrnehmungsfelder im Gehirn beteiligt sind, ... desto eher findet man die gelernte Information wieder, wenn man sie braucht.
FREDERIC VESTER

Für die Aufnahme von Informationen ins Gedächtnis stehen uns verschiedene Sinnesbereiche zur Verfügung:

- Sehsinn
- Hörsinn
- Bewegungssinn
- Berührungssinn
- Riechsinn
- Geschmackssinn.

Die Nervenbahnen, auf denen Sinnesdaten von den Sinnesorganen dem Gehirn zufließen, werden Sinneskanäle genannt.

Werden an der Einprägung mehrere Sinnesbereiche beteiligt, spricht man von mehrkanaliger Speicherung. Das ist der Fall, wenn man sich eine fremdsprachige Vokabel nicht nur lesend aneignet, sondern sie auch laut ausspricht und schreibt. Dadurch gelangt sie in verschiedene Felder der Großhirnrinde (siehe Abb. 2). Die einzelnen Gedächtnisspuren werden in ein übergreifendes Gedächtnisnetz integriert.
Die mehrkanalige Informationsaufnahme hat zwei entscheidende Vorteile:

- Die Informationen werden im Langzeitgedächtnis besser gespeichert.
- Die Gedächtnisinhalte sind im Gebrauchsfall rascher verfügbar und abrufbar.

Bisweilen wird behauptet, jeder Mensch gehöre einem bestimmten Gedächtnistyp an und könne deshalb die Informationsaufnahme auf einen Sinneskanal beschränken. Diese Theorie ist falsch. Wissenschaftliche Untersuchungen sprechen dagegen. Auch wenn jemand einen besonders gut ausgeprägten Sinneskanal hat, braucht das Gehirn eine mehrkanalige Informationsaufnahme, um den Gedächtnisinhalt sicher verankern und vernetzen zu können.

Übung

Im Vorgriff auf das Kapitel 5.4 wird das mehrkanalige Merken am Beispiel einer Vokabelreihe geübt.

1. Lesen Sie jedes Wortpaar laut.
2. Schreiben Sie die Vokabelliste ab.
3. Bilden Sie mit jeder Vokabel einen kleinen Satz.
4. Wiederholen Sie die Vokabelliste nochmals still lesend.
5. Decken Sie die englischen Wörter ab und übersetzen Sie die deutschen Wörter sprechend und schreibend ins Englische.
6. Wiederholen und prüfen Sie die nicht gewussten Wörter, bis sie sitzen.

worried	beunruhigt
to recognize	erkennen
remote	fern
to distinguish	unterscheiden
brave	mutig
witness	Zeuge
public	Öffentlichkeit
weak	schwach
to praise	loben
grateful	dankbar
emergency	Notfall

Merkvers

*Wer Merkstoff mehrkanalig importiert,
später davon Vieles memoriert.*

4.3 Informationen verknüpfen

Wer seine Erfahrungen systematisch miteinander verbindet, wird auch das zuverlässigste Gedächtnis besitzen.
WILLIAM JAMES

Vieles von dem, was wir uns merken, geschieht durch Verknüpfung. Vieles vergessen wir, weil wir es nicht verknüpft haben. In der Gedächtnispsychologie wird das diesem Phänomen zugrunde liegende Erklärungs-Prinzip als Assoziation bezeichnet. Vor 2500 Jahren wurde es von Aristoteles entdeckt und beschrieben.
Heutzutage weiß man, dass Assoziation auf der Verschaltung von Nervenzellen auf der Großhirnrinde beruht. Werden zwei Informationen miteinander nachhaltig assoziiert, ruft die eine die andere im Bewusstsein hervor. Hat man sich den Namen und das Gesicht einer neuen Kollegin eingeprägt, fällt dieser einem bei der nächsten Begegnung ein. Ebenso ist einem die deutsche Bedeutung einer gelernten Vokabel bewusst, wenn man sie liest oder hört.

Das Prinzip der Assoziation hat sich die Gedächtnistechnik zunutze gemacht: Neue Informationen lassen sich leichter merken, wenn man sie mit etwas verknüpft!

4.3.1 Visualisieren

Der Mensch, das Augenwesen, braucht das Bild.
LEONARDO DA VINCI

Eine sehr wirksame Gedächtnistechnik ist das Visualisieren, denn das Gehirn liebt Bilder. Und zwar sowohl innere (geistige) Bilder als auch äußere Bilder. Bildhafte Vorstellungen sind hilfreich, wenn es sich um schwer merkbare Begriffe handelt. Sie dürfen durchaus merkwürdig und »verrückt« sein.

Auch äußere Bilder stützen das Merken von Begriffen. Zum einen benutzt man vorgefertigte Bilder, zum anderen kann man aber auch selbst Bilder herstellen. Bei den letzteren handelt es sich um Symbole, die den abstrakten Begriff konkret darstellen. Diese müssen nicht von hohem künstlerischen Wert sein. Wichtig ist nur, dass der Begriff auf eine anschauliche und einprägsame Art zum Ausdruck gebracht wird.

Übung

Zeichnen Sie für die nachstehenden Begriffe jeweils ein leicht merkbares Bild.

Gewissen

Macht

Feigheit

Vertrauen

Schicksal

Wahnsinn

Enttäuschung

Leichtsinn

Großzügigkeit

Aufregung

Merkvers

*Wer Begriffe visualisiert,
das Merken optimiert.*

4.3.2 Emotional einfärben

Ihre Gedächtniskapazität offenbart sich möglicherweise am deutlichsten bei Erinnerungen an einzigartige und emotional bedeutsame Augenblicke aus der Vergangenheit.
DAVID G. MYERS

Gefühle üben auf das Gedächtnis einen starken Einfluss aus. Dabei spielt die Amygdala eine besondere Rolle. Wie in Kapitel 3 bereits aufgezeigt, ist dieses Areal des limbischen Systems für Gefühle zuständig. Dort werden Reize nach dem Grad ihrer emotionalen Bedeutsamkeit bewertet und mit Gefühlen verknüpft. Dies ist beispielsweise der Fall, wenn wir etwas Spannendes berichtet bekommen. Emotional garnierte Informationen hinterlassen im Gehirn besonders tiefe und langdauernde Erinnerungsspuren.

Übung

Bereitet Ihnen das Merken einer Information seit Langem besondere Schwierigkeiten, wenden Sie die Technik der emotionalen Einfärbung an. Und zwar dadurch, dass Sie ihr interessante Aspekte abgewinnen, sie mit Humor würzen, sie verfremden oder zu ihr einen persönlichen Bezug herstellen.

Merkvers

*Was mit Gefühlen wird garniert,
im Gedächtnis lange existiert.*

4.3.3 Rhythmus und Reim

Rhythmus und Reim erhöhen den Merkwert.
WERNER STANGL

Mithilfe dieser Gedächtnistechnik haben sich die antiken Völker lange Heldenlieder wie die Odyssee merken können. Gereimtes und Rhythmisiertes lässt sich besser speichern und abrufen als Ungereimtes und Arhythmisches! Reime lassen sich deshalb leicht merken, weil im neuronalen Netzwerk der Großhirnrinde ein Klang einen ähnlichen hervorruft – das letzte Wort einer Zeile das letzte Wort der nächsten. Beispiele für solche Merkverse sind:

Drei-drei-drei
Bei Issos Keilerei.

Soll der Samen schneller sprießen,
Musst du vor dem Säen gießen.

Mehlteig wird, wie im gebührt,
Immer nur kalt angerührt.

Sammlungen von Merkversen gibt es sowohl im Internet (z. B. https://de.wikipedia.org/wiki/Merkspruch) als auch in Buchform (z. B. Duden Allgemeinbildung. Eselsbrücken. Duden Verlag 2012). Darüber hinaus kann man diese auch selbst texten. Sie sind dann besonders gut merkbar.

Übung

Normalerweise dreht man eine Schraube nach rechts zu (im Uhrzeigersinn) und nach links auf (Gegenuhrzeigersinn). Entwerfen Sie hierzu einem Merkvers.

Merkvers

*Mit Rhythmus und Reimen
lassen sich Infos verleimen.*

4.3.4 Loci-Technik

Jedes Bild gehört zu einem bestimmten Ort.
ULRICH VOIGT

Einer antiken Sage zufolge besuchte der griechische Dichter Simonides eine Hochzeitsfeier. Diese verließ er, kurz bevor das Gebäude einstürzte. Nach dem Unglück musste er die Leichen identifizieren. Dies gelang ihm, weil er gespeichert hatte, wo die Hochzeitsgäste saßen.

Die Loci-Technik wurde von griechischen und römischen Rednern angewandt, weil sie nur frei sprechen durften. Sie beruht darauf, dass man die zu merkenden Informationen an Orten ablegt, deren Reihenfolge einem sehr vertraut ist. Diese können in der eigenen Wohnung liegen oder an markanten Stationen auf dem täglichen Weg zur Arbeit.

Die Gedächtnisinhalte werden mit den einzelnen Loci (Orten) gedanklich verknüpft. Benötigt man sie wieder, schreitet man den »Merkraum« in Gedanken wieder ab, um sie in Erinnerung zu rufen.

Übung

Finden Sie eine Wegstrecke, die neun voneinander klar unterscheidbare Orte enthält. Prägen Sie diese so gut ein, dass Sie dort Gedächtnisinhalte in der Reihenfolge der Orte leicht ablegen und abrufen können.

Merkvers

*Um Wichtiges im Gedächtnis zu horten,
verknüpft man es mit vertrauen Orten.*

4.3.5 Geschichten-Technik

Auch Geschichten sind Assoziationen.
BARBARA KNAB

Zu empfehlen ist diese Gedächtnisstütze, wenn man sich relativ unverbundene Informationen merken muss. Werden diese Einzelinformationen in den Sinnzusammenhang einer Fantasiegeschichte eingebettet, kann man sie leichter speichern.

Auf das Merken der Wörter Haus – Papa – Hund – Mütze – Briefträger – Treppe könnte die Geschichte so lauten:

Papa setzt seine Mütze auf. Er geht mit dem Hund die Treppe hinunter.
Vor dem Haus kommt ihm der Briefträger entgegen.

Die Fantasiegeschichte darf auch ruhig verrückt sein. Wichtig, dass die Wörter gut miteinander verknüpft werden. Ist die Geschichte kreiert, wiederholt man sie bei geschlossenen Augen.

Übung

Überlegen Sie eine bildhafte Geschichte, in der die folgenden Dinge vorkommen:

Smartphone

Tisch

Schraubenzieher

Bleistift

Uhr

Messer

Lupe

Merkvers

*Unverbundenes in eine Geschichte eingebettet
wird vor dem Vergessen meist gerettet.*

4.3.6 Anfangsbuchstaben-Technik

Kürze wirkt länger.
MANFRED HINRICH

Eine ebenfalls wirksame Merkhilfe ist die Anfangsbuchstaben-Technik. Mehrere Wörter einer Regel oder eines Sachverhaltes lassen sich besser merken, wenn man ihre Anfangsbuchstaben zu einem leicht behaltbaren Merkwort oder Merksatz zusammensetzt. Egal, welche dieser beiden Varianten man anwendet, die ursprüngliche Informationsmenge wird verkürzt. Dadurch entlastet man das Gedächtnis.

Wer sich merken möchte, was vor einer Autofahrt gecheckt werden muss, prägt sich das Merkwort WOLKE ein:

W = Wasser
O = Oel
L = Luft
K = Kraftstoff
E = Elektrik

Wer sich die Namen und Reihenfolge der Kreuztonarten einprägen möchte, dem hilft folgender Merksatz weiter:

Geh **D**u **A**lter **E**sel **H**ole **F**ische

Für die B-Tonarten bietet sich ein weiterer Merksatz an:

Fritz **B**ekommt **E**ssen **A**us **D**essau **G**eschickt

Übung

Ein Reiz ist ein Ereignis, das eine Reaktion erzeugt. Reize besitzen vier Eigenschaften: Modalität, Intensität, Dauer und Lokalisation.

Finden Sie ein Wort nach der Anfangsbuchstabenmethode, mit dem sich die vier Eigenschaften merken lassen.

Merkvers

*Aus Anfangsbuchstaben von Informationen
kann man Merkhilfen klonen.*

4.3.7 Memoriersysteme

Was die Griechen zur Kunst erhoben, ist heute für die Profis ein Sport: Seit 1991 gibt es die Gedächtnissport-Weltmeisterschaft, in der sich die weltweit besten Gedächtnissportler aneinander messen: Sie merken sich beispielsweise in kürzester Zeit lange Zahlenreihen, zahlreiche Gegenstände oder die Reihenfolge von Spielkarten.
JULIA UCSNAY

Dieses Gedächtnis-Werkzeug wird häufig von Gedächtnissportlern benutzt und bei Gedächtnismeisterschaften eingesetzt. Seine Funktionsweise besteht darin, dass die Gedächtnisinhalte in eine Struktur eingefügt werden. Diese ist einer Kleiderablage vergleichbar, an deren Haken Kleidungsstücke aufgehängt werden.

Memoriersysteme erfordern einen sehr hohen Lernaufwand, denn ihre Elemente müssen so fest verankert werden, dass sie zu jeder Zeit verfügbar sind. Und hat man sich eines angeeignet, muss sein Erhalt fortlaufend gesichert werden.

Als Beispiele für Memoriersysteme seien genannt:

Zahl-Form-System
Die Zahlen 1 bis 10 werden mit Bildern verknüpft, deren Form der jeweiligen Zahl ähnelt.

1 = Kerze 2 = Schwan ...

Zahl-Reim-System
Den Zahlen 1 bis 10 sind Wörter zugeordnet, die sich auf das Zahlwort reimen.

1 = Bein 2 (zwo) = Stroh ...

Alphabet-Bild-System
Jeder Buchstabe des Alphabets wird mit einem Bild assoziiert, das mit dem Laut des Buchstabens anfängt.

A = Apfel B = Bus C = Clown

Wer solche Systeme beherrscht, kann bei nationalen und internationalen Gedächtnismeisterschaften Hochleistungen erzielen. Die Gedächtnisforschung bezweifelt ihre Umsetzbarkeit in den Alltag: »Leider gibt es keine Hinweise darauf, ob solche Weltklasse-Gedächtniskünstler mit alltäglichen Anforderungen an unser Gedächtnis besser zurechtkommen, z. B. wenn sie sich merken, wo das Auto geparkt ist oder wann jemand Geburtstag hat.« (Gluck, Mercado & Meyers 2010, 101).

Übung

Kreieren Sie ein eigenes Zahl-Form-System. Finden Sie für jede Zahl ein Bild, das der Form dieser Zahl ähnelt.

1

2

3

4

5

6

7

8

9

10

Wiederholen Sie die Zahl-Form-Verknüpfungen, bis sie diese ohne Vorlage aus dem Effeff beherrschen. Verwenden Sie Ihr System, wenn Sie sich im Alltag Zahlen merken müssen (Bsp: 87 in Form der beiden Merkbilder).

Merkvers

*Ein intensiv gelerntes Memoriersystem
macht das Merken angenehm.*

4.4 Informationen ordnen

Das Gedächtnis hängt sehr stark von der Deutlichkeit, Regelmäßigkeit und Ordnung unserer Gedanken ab.
THOMAS FULLER

Bevor etwas dauerhaft gespeichert wird, muss es durchs Kurzzeitgedächtnis gelangen. Wie bereits aufgezeigt, ist dessen Kapazität sehr begrenzt. Um diesen Flaschenhals zu überwinden, bietet sich die Technik des Chunking an. Sie basiert auf einer Erkenntnis aus Experimenten der Gedächtnisforschung. Man hatte nämlich herausgefunden, dass Informationsmengen sich leichter speichern lassen, wenn man ihre Elemente in Form von Chunks (= behaltbare Päckchen) gruppiert. Dadurch wird die Kapazität des Kurzzeitgedächtnisses erweitert.

Ein nahe liegender Anwendungsfall ist das Merken einer Ziffernreihe. Um sie leichter zu behalten, teilt man sie in Gruppen auf (s. Kap. 5.1).

Beim Merken eines Textinhalts kann das Chunking ebenfalls angewandt werden. Man fasst Einzelinhalte zu Gruppen beziehungsweise Kategorien zusammen. Diesen ordnet man Oberbegriffe zu.

Das Chunking von Textinhalten kann auch in Form von Mind Maps vorgenommen werden (Buzan, 2016). Will man eine Mind Map herstellen, schreibt man zuerst in die Mitte eines Blattes das Thema. Von diesem Zentrum aus werden nun Hauptäste gezeichnet, auf die die wichtigsten Begriffe geschrieben werden. Die Hauptäste wiederum können sich in Nebenäste verzweigen, die Unterbegriffe repräsentieren. Zu beachten ist noch, dass in deutlich lesbarer Blockschrift geschrieben wird.

Inzwischen gibt es auch computergestütztes Mind Mapping. Zu

nennen ist beispielsweise die Mind-Map-Software Mindmanager. Der Vorteil dieser Programme ist, dass die Map-Konstruktion leichter abläuft als mit der Hand und die Wörter besser lesbar sind. Der Nachteil ist, dass der persönlichen Gestaltung Grenzen gesetzt sind.

Egal, um welche Art von aufgenommenen Informationen es sich handelt, generell gilt die Regel: Je logischer sie geordnet sind, desto besser werden sie behalten.

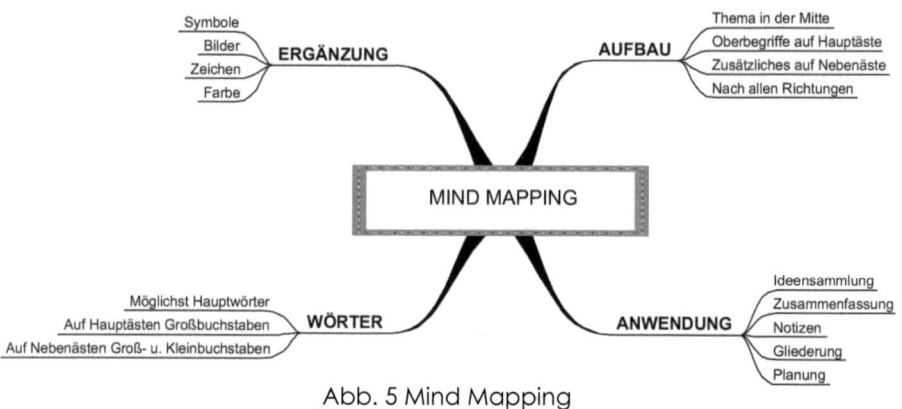

Abb. 5 Mind Mapping

Übung

Nehmen Sie ein DIN-A4-Blatt. Platzieren Sie es im Querformat. Fertigen Sie vom Textinhalt des Kapitels 2 eine Mind Map an.

Merkvers

Merkstoff in Gruppen eingeteilt,
besser im Gedächtnis bleibt.

4.5 Gedächtnisinhalte wiederholen

Das Gedächtnis nimmt ab, wenn man es nicht übt.
CICERO

Nicht alle Informationen werden sofort und jederzeit abrufbar gespeichert. Besonders anfällig für das Vergessen ist neu gelerntes Wissen. Wie der Verlauf der ebbinghausschen Vergessenskurve zeigt, bleiben nach wenigen Tagen nur noch 20% übrig (s. Kap. 3). Dies ist der Fall, wenn der Wissensstoff seit der Informationsaufnahme nicht wiederholt worden ist.

Wiederholung bewirkt, dass das neuronale Netz eines Gedächtnisinhalts verstärkt wird. Dieses Phänomen wird auch als Langzeitpotenzierung bezeichnet.

Für die tägliche Gedächtnisarbeit ist wichtig zu wissen, wann und wie häufig wiederholt werden muss. Eine klare Erkenntnis aus der Gedächtnisforschung lautet, dass die erste Wiederholung gleich nach der Aneignung eines Gedächtnisinhalts stattfinden soll. Man wiederholt ihn entweder innerlich oder besser durch lautes Aufsagen.

Die zweite Wiederholung ist einen Tag später vonnöten. Eine dritte Wiederholung steht nach einer Woche an. Diese verstärkt die synaptischen Verbindungen so sehr, dass mit der nächsten Wiederholung ein Monat gewartet werden kann. Die letzte Wiederholung sollte nach einem halben Jahr erfolgen. Man könnte diese Regel auch kurz und bündig so formulieren: Gedächtnisinhalte anfangs in kürzeren und dann in immer größeren Zeitabständen wiederholen!

Als Mittel des systematischen Wiederholens bietet sich das Lernkarteisystem nach Leitner (2011) an. Schwer merkbare Informationen überträgt man in eine Frage-Antwort-Form. Hierzu benötigt man DIN-A7-Karteikarten und einen aus fünf Fächern bestehenden Karteikasten (s. u.). Auf die Vorderseite schreibt man die Frage, auf die Rückseite die Antwort. Die beschriebenen Karten werden in das erste Fach des Lernkarteikastens gesteckt (s. u.). Danach werden sie zum ersten Mal kontrolliert. Die richtig beantworteten Karten wandern ins zweite Fach, die nicht oder falsch beantworteten bleiben im ersten Fach. Diese Prozedur wird so lange fortgesetzt, bis alle Karten im letzten Fach angelangt sind.

Wer dieses klassische Hilfsmittel nicht mag und lieber computergestützt übt, kann stattdessen eine Lernkartei-Software verwenden. Sie funktioniert nach demselben Prinzip und ist komfortabler zu handhaben. Adäquate Angebote findet man im Internet – sowohl kostenlose als auch kostenpflichtige. Ein besonderes Plus der elektronischen Lernkartei ist, dass die Software die Reihenfolge der abzufragenden Lerninhalte ständig automatisch verändert.

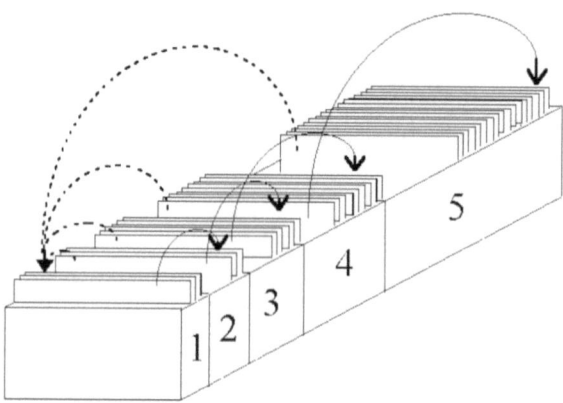

Abb. 6 Lernkarteikasten nach Leitner

Übung

Erleichtern Sie sich das Merken wichtigen Wissens mit Hilfe von Lernkarteikarten. Bringen Sie schwer merkbare Wissensinhalte in eine Frage-Antwort-Form. Wiederholen Sie diese regelmäßig mit dem Lernkarteikasten.

Merkvers
Jedem Merker sei empfohlen,
Wichtiges zu wiederholen.

4.6 Gedächtnisinhalte abrufen

*Sich an eine Information zu erinnern bedeutet,
sie sich ins Bewusstsein zu rufen.*
JONATHAN K. FOSTER

Wer Informationen intensiv eingeprägt hat, wird diese sehr wahrscheinlich erinnern können. Dennoch kommt es immer wieder vor, dass einem etwas auf der Zunge liegt, aber momentan nicht erinnerlich ist. Wahrscheinlich deshalb, weil die Assoziation zwischen dem Wort und dessen Bedeutung zu schwach ist oder weil es schon einige Zeit nicht mehr abgerufen wurde. In diesem Fall braucht man Abrufhilfen (Myers, 2014).

Häufig angewandt wird das Alphabetisieren. Man lässt in Gedanken das Alphabet von A bis Z Revue passieren, bis ein Buchstabe, mit dem das gesuchte Wort beginnt, dieses hervorruft.

Wer mit dem Alphabetisieren nicht erfolgreich ist, sollte es mit dem Analysieren versuchen. Man überlegt sich beispielsweise, ob das Wort lang oder kurz ist, ob es helle oder dunkle Vokale hat.
Eine weitere Hilfe ist das situative Abrufen. Man geht zurück in die Situation, in der man sich den Gedächtnisinhalt angeeignet hat und stellt sich ihre Einzelheiten vor. Ein Merkmal, beispielsweise die damalige Stimmung, kann die gewünschte Information hervorholen.

Schließlich gibt es noch die Kategorisierungstechnik. Soll der Namen eines bekannten Komponisten abgerufen werden, kann man folgende Fragen stellen: Aus welchem Land kam er? In welcher Epoche wirkte er? Was waren seine berühmtesten Werke? Hatte er eine besondere persönliche Eigenart?

Gibt es beim Abrufen Schwierigkeiten, darf man sich nicht verkrampfen und ärgern. Wer dies tut, produziert Stresshormone, die unsere Erinnerungsblockade zusätzlich verstärken. Besser ist es, abzuschalten und die Sucharbeit dem Unterbewusstsein zu überlassen. Meist gelangt der Gedächtnisinhalt dann ins Bewusstsein zurück.

Übung

Rufen Sie die Namen Ihrer zuletzt besuchten Schulklasse in Erinnerung und schreiben Sie diese auf. Versuchen Sie Namen, die Ihnen zunächst nicht einfallen, mit den oben aufgeführten Hilfen aus dem Langzeitgedächtnis abzurufen.

Merkvers

*Lässt sich etwas nicht erinnern,
bleibe cool in deinem Innern.*

5. Bewältigung täglicher Merksituationen

Gedächtnis zu haben, sich erinnern zu können ist ... eine Selbstverständlichkeit in alltäglichen Lebensbereichen.
HANS-JOACHIM MARKOWITSCH

Im Alltag gibt es viele Situationen, in denen unsere Merkfähigkeit gefordert ist. Wir begegnen ihnen sowohl im privaten als auch im beruflichen Bereich. Um ihnen gewachsen zu sein, brauchen wir auf die jeweilige Merksituation zugeschnittene Gedächtnistechniken. Zum Beispiel, wenn es darum geht, sich Namen und Gesichter, Zahlen und Fakten, Vokabeln und Textinhalte oder Routen zu merken.

5.1 Zahlen merken

Sie können von Glück reden, wenn Sie sich Zahlen merken können, denn Gehirne haben eigentlich keinen Plan, um damit fertig zu werden.
ULRICH BIEN

Unser Zahlengedächtnis wird häufig gefordert. Es gilt Telefonnummern, Passwörter, Kontonummern, Geburtstage, Hochzeitstage, Termine und Daten verschiedener Art abrufbereit zu speichern. Leider klappt dies nicht immer. Besonders peinlich ist es, wenn man im Kaufhaus an der Kasse steht und die Online-Bezahlung misslingt, weil man die PIN vergessen hat.

Obwohl man viele Zahlen extern speichern kann, ist es dennoch gut, wenn sie direkt aus dem Gehirn erinnert werden können. Warum dies aber vielen Menschen schwerfällt, hängt damit zusammen, dass Zahlen abstrakte Informationen sind. Sie sind nicht so gehirnfreundlich wie Bilder und bildhafte Wörter.

Sehr erleichtert wird das Zahlenmerken durch das Gruppieren. Vor allem dann, wenn es sich um eine längere Reihe handelt. Möchte man sich eine Telefonnummer 958157309 merken, teilt man die Zahlenreihe in drei Gruppen auf: 958 – 157 – 309. Statt aus neun Zahlen, besteht die zu speichernde Information aus drei Zahlen.

Hilfreich kann es auch sein, wenn man sich aus Zahlen Reime macht. Möchte man sich die Jahreszahl 1291, das Gründungsdatum der Schweizer Eidgenossenschaft, einprägen, lautet der Merkvers: »Zwölf – neun – eins, gegründet war die Schweiz.« Mit derselben Hilfsmethode lässt sich ein Geburtstag gut merken: »Der Geburtstag von Uli ist der erste Juli.«

Eine weitere gedächtnistechnische Variante des Zahlenmerkens ist die Verknüpfung neuer Zahlen mit einer persönlich bedeutsamen Zahl, die im Langzeitgedächtnis bereits fest verankert ist. Angenommen, das eigene Hochzeitsjahr ist 1984. Genau diese Zahl wird einem bei der Neueröffnung eines Kontos später als PIN zugeteilt. Nun braucht man sich nur noch zu merken: »Meine Konto-PIN ist mein Hochzeitsjahr.« Wenn man eine eigene PIN kreieren darf, sei davor gewarnt, persönliche Daten (z. B. Geburtstag) zu verwenden. Für geübte Kriminelle ist es oft kein Problem solche Codes zu hacken.

Schließlich noch ein Tipp. In Zahlenreihen stecken bisweilen logisch-mathematische Muster. Hat man dieses, wie an den folgenden Beispielen aufgezeigt, mit logischem Blick entdeckt, wird das Behalten einfacher:

44 176 (44 mal 4)

1537 (die ersten fünf ungeraden Zahlen)

3710 (3 + 7 = 10)

Übung

Merken Sie sich die Zahlenreihe in der linken Spalte mit der Gruppierungstechnik. Decken Sie die zu merkende Reihe danach ab und geben Sie diese in der rechten Spalte schriftlich wieder.

47823	
73235	
986134	
352976	
8315624	
18243198	
07921465	
212397561	
102486515	
564321340	

Merkvers

Wird eine Zahlenreihe zusammengefasst,
sie besser ins Gedächtnis passt.

5.2 Namen merken

Seien wir froh um jeden Namen; wären die Menschen beziffert, könnten wir sie uns noch viel schlechter merken.
ERNST REINHOLD HAUSCHKA

Es gibt niemanden, dem dieses Missgeschick nicht schon einmal passiert ist. Man trifft eine bekannte Person, deren Namen einem nicht einfällt. Man wird von Peinlichkeit berührt und ärgert sich. Im umgekehrten Fall fühlt man sich ebenfalls nicht wohl. Dass der eigene Name dem Anderen nicht erinnerlich ist, empfinden manche sogar als Geringschätzung.

Sich mit dem Namen ansprechen zu können ist für das Miteinander sehr wichtig. Das Namen-Merken beginnt bei der ersten Begegnung mit einer bisher unbekannten Person. Sagt diese ihren Namen, hört man konzentriert hin. Hat man den Namen nicht richtig verstanden, bittet man um Wiederholung oder zusätzlich um Buchstabierung. Danach wiederholt man den zu merkenden Namen laut und notiert ihn. Darüber hinaus kann man fragen, woher der Namen stammt beziehungsweise was er bedeutet.

Das Namen-Merken wird zusätzlich gefördert, wenn man vom Namensträger persönliche Informationen erfährt. Wie ist sein Familienstand? Wo wohnt er? Welchen Beruf übt er aus? Welches Hobby pflegt er?

Um einen erstmals ins Gedächtnis aufgenommenen Namen noch sicherer zu verankern, bieten sich weitere merktechnische Hilfen an. Handelt es sich um einen Namen, der konkret ist, verknüpft man die Wortbedeutung mit einem Vorstellungsbild. Herrn Baumann stellt man sich als Mann auf einer Baustelle vor, Herrn Becker als Bäcker in der Backstube.

Hat der Namensträger ein charakteristisches Gesichtsmerkmal, koppelt man dies mit dem Namen. Für Herrn Braun, der einen braunen Bart trägt, verwendet man das Merkwort »Braunbart«. Für Frau Sommer, die viele Sommersprossen hat, die Gedächtnisstütze »Sommersprosse«.

Weist der Namensträger ein besonderes psychisches Merkmal auf, bietet sich das Merken gemäß dem Sprichwort »Nomen est omen« an. Herr Schwaetzer, der gerne schwätzt, lässt sich mittels dieser Assoziation besser merken.

Enthält der Name keine zunächst erkennbare Bedeutung, kann man ihn durch Umformen, Erweitern und Zerlegen bedeutungsvoll und dadurch merkbar machen. Setzt man vor den Namen »Maryllis« ein A, wird daraus »Amaryllis« (Zierpflanze).

Übung

Finden Sie für die folgenden ungebräuchlichen Nachnamen eine Eselsbrücke.

Herr Goerken	Frau Dodel
Frau Polzer	Herr Cherbon
Herr Grehl	Frau Zilz
Herr Janouscheck	

Merkvers

Will ein Name nicht in das Hirnregal,
kopple ihn mit einem Gesichtsmerkmal.

5.3 Fachbegriffe merken

Alle unsere Begriffe sind aus ursprünglichen Anschauungen entstanden. Begriffe sind verdichtete Vorstellungen.
CARL DU PREL

Wir leben in einer Wissensgesellschaft, in der ständig neue Begriffe gelernt werden müssen. Nicht nur in Schule, Studium und Beruf, sondern auch im privaten Alltag. In einem Begriff werden die wesentlichen Merkmale eines Sachverhalts zusammengefasst. Begriffe sind die Grundlage des Fachwissens. Wichtige Fachbegriffe sollte man im Gebrauchsfall rasch abrufen können.

Wer sich Fachbegriffe aneignet, muss diese zuallererst verstehen. Im Falle von Verständnisschwierigkeiten gibt es mehrere Möglichkeiten:

- Man macht sich den Sachverhalt selbst klar, indem man nachdenkt.
- Es wird ein klassisches Nachschlagewerk zu Rate gezogen.
- Man fragt jemanden, der sich im betreffenden Fachgebiet auskennt.
- Man googelt im Internet.

Hat man den Begriff kapiert, wird dessen Bedeutung notiert. Beispielsweise in einem Notizbuch, direkt im Text oder auf einer Karteikarte.

Da Begriffe meist sehr abstrakt sind, bedarf es der Umwandlung in eine konkrete Vorstellung. Konkret heißt, sich innerlich ein Bild vom Begriffsinhalt machen. Angenommen, wir müssen uns den informatischen Fachbegriff »Firewall« merken. Ursprünglich gehört dieses Wort der Fachsprache des Brandschutzes an. Der Firewall (= Brandmauer) sorgt dafür, dass ein Brand nicht auf ein anderes Gebäude

übergreift. Wenn man diese begriffliche Herkunft kennt, macht man sich diese merktechnisch zunutze:
Der Computer-Firewall ist ein Sicherheitssystem, das verhindert, dass Schadsoftware in den Computer eindringt. Als Merkstütze stellt man sich eine Mauer im Computer vor, die den Computer vor bösen Viren schützt.

Übung

Übersetzen Sie die folgenden Fachbegriffe in konkrete und merkbare Vorstellungen. Sie dürfen hierzu auch ein Nachschlagewerk benutzen.

Emulsion

Disagio

Mediation

Inklusion

Motherboard

Merkvers

Ein Fachbegriff mit einem Bild gepaart,
bleibt im Gedächtnis wohl verwahrt.

5.4 Vokabeln merken

Je weniger die Fremdsprache mit der deutschen Sprache verwandt ist, desto schwieriger sind Vokabeln zu behalten.
LUDGER SCHIFFLER

Wer sich eine Fremdsprache aneignen möchte, muss Vokabeln lernen. Es sind die Bausteine, aus denen fremdsprachige Sätze zusammengesetzt sind. Das Vokabellernen wird nicht selten als schwierig erlebt. Dies muss nicht sein. Man macht sich die Wortschatzarbeit leichter, wenn man Techniken einsetzt. Die wirksamste Vokabel-Lerntechnik ist das mehrkanalige Lernen. Sie besteht darin, dass die Wörter über mehrere Sinneswege beziehungsweise Lernkanäle ins Gehirn aufgenommen werden:

- Lesen
- Sprechen
- Hören
- Schreiben
- Handeln.[1]

Dadurch werden unterschiedliche Hirnfelder aktiviert, was die Einprägung und den Abruf der Vokabeln sehr erleichtert.

Eine Vokabel-Lerneinheit besteht aus mehreren Schritten. Zuerst verschafft man sich im Lehrbuch lesend einen Überblick über die zu lernende Vokabelreihe. Dann spricht man die einzelnen Wortpaare nacheinander laut und deutlich. Beim Sprechen achtet man mit Hilfe der Lautschriftzeichen auf die richtige Aussprache. Ein besonderes Augenmerk gilt den Beispielsätzen und Erläuterungen. Ist eine ent-

---

[1] Man kann eine Vokabel mit ausdrucksvollen Gesten verknüpfen.

sprechende Spalte nicht vorhanden, bettet man die Vokabeln selbst in kleine Sätze und Ausdrücke ein. Dies kommt der Arbeitsweise Gehirns, Wissen netzartig zu speichern, sehr entgegen.

Zu vermeiden ist das Lernen von Wortgleichungen, was auch als »nacktes« Vokabellernen bezeichnet. »Nackt« gelernte Vokabeln werden leichter vergessen als im Zusammenhang gelernte. Im Anschluss daran schreibt man die Wortpaare zusammen mit den Beispielsätzen in das Vokabelheft. Zu empfehlen ist ein Heft mit dreispaltigem Layout. Handschriftlich eingeprägte Wörter, so eine klare Erkenntnis der Gedächtnisforschung, werden besonders wirksam gespeichert. Deshalb sollte man auf das Führen eines Vokabelhefts nicht verzichten.

Nach dieser intensiven Einprägephase prüft man durch Abdecken schreibend und sprechend, ob das Gelernte sitzt. Diese Kontrollen werden so lange wiederholt, bis man alle Vokabeln beherrscht.

Vokabeln lernt man nicht dicht gedrängt, sondern in Blöcken. Ein Block umfasst gewöhnlich 8-10 Vokabeln. Zwischen den Blöcken müssen kleine Lernpausen liegen. Ist dies nicht der Fall, kommt es zu Gedächtnishemmungen. Täglich sollten nicht mehr als 30-40 Vokabeln gelernt werden.

Es ist von Vorteil, gelernte Vokabeln am selben Tag nochmals zu kontrollieren. Diesen Vorgang kann man verkürzen, indem nur noch die schwer merkbaren Vokabeln geprüft werden. Voraussetzung hierfür ist, dass man die »Problemvokabeln« zuvor markiert hat.

Erweisen sich bestimmte Vokabeln als schwierig, kann man die Schlüsselwortmethode anwenden. Der erste Schritt besteht darin, zu einer schwierigen Vokabel ein ähnlich klingendes deutsches Wort zu finden. Dieses wird Schlüsselwort genannt. Beispielsweise ähnelt das englische Wort »root«, das auf Deutsch Wurzel heißt, dem deutschen Wort »ruht«. Nun wird in einem zweiten Schritt das deutsche

Schlüsselwort »ruht« mit einer einprägsamen bildlichen Vorstellung verknüpft. Man stellt sich vor, wie eine Wurzel im Erdboden ruht. Dadurch dass die Vokabel in Verbindung mit diesem Merkbild gespeichert worden ist, lässt sie sich später leichter abrufen.

Eine weitere wirksame Vokabellerntechnik ist die Verwendung einer Lernkartei. Wie man dieses Hilfsmittel handhabt, ist in Kapitel 4.5 ausführlich erläutert worden. Die Lernkartei hat den Vorteil, dass sie einen zum Wiederholen anhält. Zum Nachteil wird sie, wenn man die auf die Karteikarten übertragenen Vokabeln nicht einer Fehlerkontrolle unterzieht. Dann besteht die Gefahr, dass man sich falsche Schreibungen einprägt.

Wer seinen Wortschatz zusätzlich festigen und erweitern möchte, dem sei das Lernen mit Wortfeldern empfohlen. Ein Wortfeld ist eine Gruppe von Wörtern, die bedeutungsmäßig miteinander verwandt sind. Es besteht aus einem Oberbegriff (z. B. seasons) und ihm zugeordneten konkreten Wörtern (spring – summer – autumn – winter).

Es gibt Lehrbücher, die bereits Wortfelder enthalten. Diese Einladung zum vernetzten Vokabellernen sollte man unbedingt annehmen. Darüber hinaus ist es ratsam, zu zentralen Begriffen selbst Wortfelder anzulegen. Und zwar am besten in Form von Mind Maps (s. Kap. 4.4)

Für mindmap-artige Wortfelder gibt es zwei häufig angewandte Formen. Die erste ist eine einfache Mind Map (Typ I), die aus einem Oberbegriff und auf Hauptästen zugeordneten Unterbegriffen besteht.

Die andere Variante ist eine stärker aufgegliederte Mind Map (Typ II). Sie enthält nicht nur Hauptäste, sondern auch Nebenäste. Auf diesen befinden sich mit den Unterbegriffen bedeutungsverwandte Wörter.
Vokabeln können auch mit dem Computer geübt werden. Beim Kauf

elektronischer Vokabeltrainer sollte man unbedingt darauf achten, dass die Lernsoftware zu dem Lehrbuch passt, dessen Vokabular man derzeit lernen muss. Besonders zu empfehlen sind Programme mit Sprachlabor und Fehlerstatistik-Funktion.

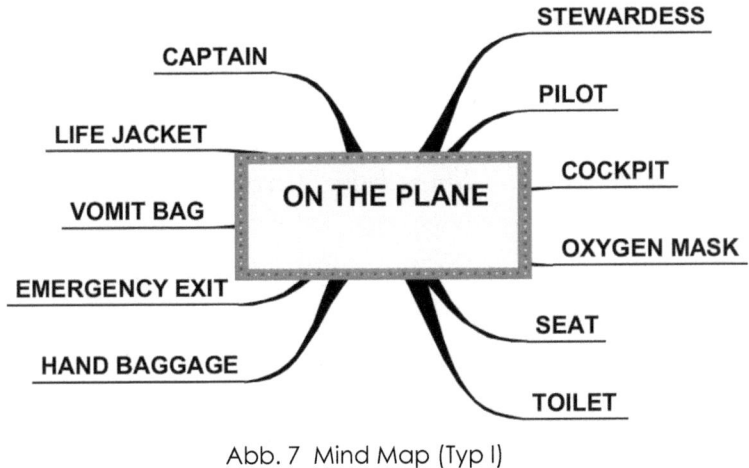

Abb. 7 Mind Map (Typ I)

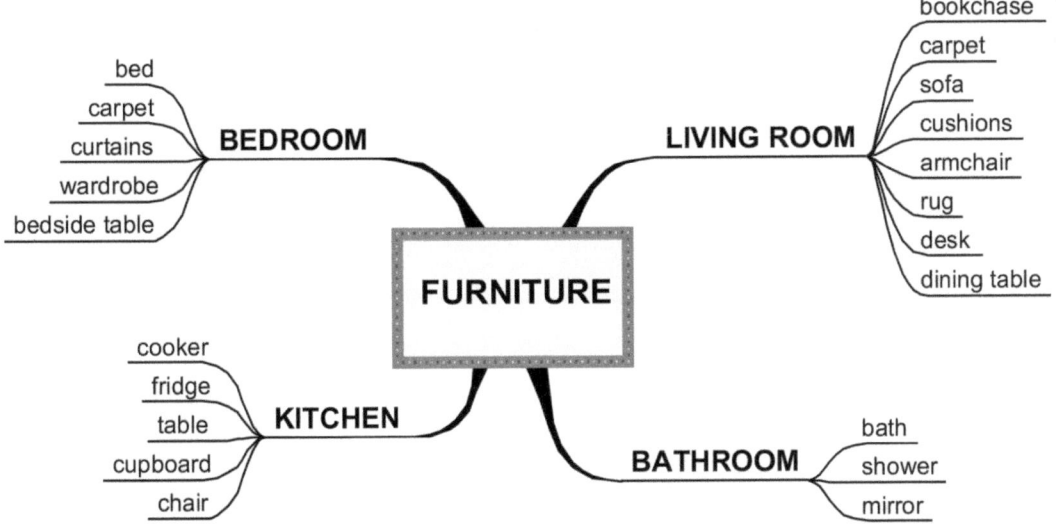

Abb. 8 Mind Map (Typ II)

Übung

Vokabeln lassen sich besser merken, wenn sie nicht einzeln, sondern in Wortfeldern gelernt werden. Das Wortfeld eines Begriffes kann in Form einer Mind Map aufgebaut und dargestellt werden.

Fertigen Sie eine Mind Map zum Wort »food« an. Beginnen Sie in der Mitte des Blattes und tragen Sie alles auf Haupt- und Nebenäste ein, was Ihnen zu food einfällt. Abschließend können Sie das Wortfeld ergänzen, indem Sie aus einem Lehrbuch oder Nachschlagewerk Wörter heraussuchen, die Ihnen beim Wortfeld-Aufbau nicht eingefallen sind.

Merkvers

Probleme beim Lernen von Vokabeln?
Im Gehirn mehrkanalig verkabeln.

5.5 Textinhalte merken

Auch das Erfassen und Behalten relevanter Informationen aus Texten kann geübt werden.
ERICH KASTEN

Ein Großteil des Wissens wird durch Texte vermittelt. Viele Leser haben Probleme, sich den Inhalt von Texten dauerhaft einzuprägen. Ursache hierfür ist weniger eine Gedächtnisschwäche, sondern ein oberflächliches Leseverhalten.

Textinhalte werden umso besser behalten, je gründlicher man einen Text liest. Eine Möglichkeit besteht darin, wichtige Textstellen, Kerngedanken, Schlüsselwörter zu unterstreichen oder mit dem Leuchtmarker zu kennzeichnen.

Beim Leuchtmarkieren gibt es keine besonderen Regeln. Es ist lediglich darauf achten, dass nur die wesentlichen Wörter gekennzeichnet werden. Ansonsten ist der ganze Text gefärbt und das Wesentliche nicht hervorgehoben.
Das Anbringen von Randzeichen ist eine weitere Variante des gründlichen Lesens:

W = Wiederholen

D = Definition

N = Nachschlagen

V = Vergleichen

W = Widerspruch

Z = Zusammenfassung

Solche Zeichen muss man konstant anwenden, damit klar ist, welcher Buchstabe was bedeutet.

Je größer der Umfang von Texten ist, desto notwendiger wird das Herausschreiben wichtiger Stichwörter oder die Anfertigung einer kurzen schriftlichen Zusammenfassung.

Längere Sachtexte (Broschüren, Bücher) kann man mit Hilfe der Fünf-Schritte-Methode beziehungsweise SQR3-Technik merkbar machen:

Schritt 1: Survey
Den Text überfliegen, um sich einen Überblick zu verschaffen.

Schritt 2: Questions
Überlegen, auf welche Fragen man eine Antwort finden möchte.

Schritt 3: Read
Absatz für Absatz lesen und Wichtiges markieren oder herausschreiben.

Schritt 4: Recite
Den Textinhalt in eigenen Worten kurz und stichwortartig zusammenfassen.

Schritt 5: Review
Den Text nochmals überfliegen und prüfen, ob die Fragen beantwortet sind.

Die Fünf-Schritte-Methode ist in der Tat mit einigem Zeitaufwand verbunden. Wem dieser zu hoch erscheint, kann die Methode zur

Drei-Schritte-Methode verkürzen, indem er Schritt 5 vorerst weglässt und die Schritte 3 und 4 zu einem Schritt zusammenlegt. Die Abfolge der Schritte würde dann lauten:

Schritt 1: Text überfliegen

Schritt 2: Wichtige Textstellen gründlich lesen und zusammenfassen

Schritt 3: Testen, ob man das Wesentliche stichwortartig aus dem Gedächtnis wiedergeben kann.

Übung

Lesen Sie den unten stehenden Text und unterstreichen Sie wichtige Wörter. Klappen Sie das Buch zu und notieren Sie stichwortartig, was Sie behalten haben.

Stress – Körper und Seele in Not

Das Herz rast, der Atem wird schneller, die Muskeln verspannen: Stress ist eine natürliche Antwort des Körpers auf bestimmte Signale und Anforderungen. Er erwies sich in der frühen Menschheitsgeschichte als sinnvoll, als der tägliche Überlebenskampf eine schnelle Angriffs- oder Fluchtreaktion erforderte.

Stress entsteht in der Regel durch das Gefühl, einer Situation nicht gewachsen zu sein. Bereits der Gedanke »Ich schaff das einfach nicht« reicht häufig dafür aus. Stress wird meist negativ erlebt, ausgelöst durch eine zu große körperliche und seelische Belastung.

Zeitmangel, Schlafentzug, Lärm, Krankheiten, Schmerzen, Meinungsverschiedenheiten, soziale Isolation, Konflikte in der Familie oder Mobbing am Arbeitsplatz können Ursachen für negativen Stress sein. Häufig sind es aber auch die kleinen Ärgernisse und Anforderungen des Alltags. Stress kann jedoch auch positiv sein und zu Höchstleistungen anspornen – es kommt jeweils auf das eigene Empfinden der Situation und der Anforderungen an. In der richtigen Dosis hilft Stress, damit man sich gut fühlt, denn der Wechsel von Anspannung und Entspannung macht glücklich.

Menschen reagieren unterschiedlich auf Stress. Häufig wird Stress durch Konkurrenzverhalten, Zeitdruck sowie Karrierestreben ausgelöst. Manche Menschen leiden, wenn sie sich unterfordert oder unterschätzt fühlen, andere sind gestresst, wenn sie sich etwa eingeengt fühlen und glauben, eine Situation nicht unter Kontrolle zu haben.

Die Doppelbelastung durch Familie und Beruf zählt zu den wichtigsten Stressauslösern bei Frauen.

Die Stressbewältigung ist individuell: Männer holen sich seltener als Frauen Unterstützung bei Freundinnen und Freunden, Familie oder Kolleginnen und Kollegen. Sie versuchen mitunter, die Belastung eher durch riskante Verhaltensweisen wie starken Alkoholkonsum, Aggressivität oder Verdrängung zu bewältigen. Manche Frauen werden bei Stress eher ängstlich und ziehen sich zurück. Tabakkonsum wird von Männern wie von Frauen zur Stressbewältigung genutzt.

Zu viel und anhaltender Stress macht krank, aus Daueranspannung wird Erschöpfung und Abgespanntheit. Langfristig führt dies zu Störungen und Erkrankungen von Verdauungssystem, Nervensystem, Herz-Kreislauf- und Immunsystem. Wer unter Dauerstress leidet, wird schneller krank und langsamer wieder gesund. Viren und andere Krankheitserreger haben ein leichtes Spiel. So können beispielsweise in stressigen Zeiten Herpesbläschen wiederkehren, die das Immunsystem sonst gut im Griff hat. Wunden heilen langsamer und Impfungen wirken schlechter. Der Körper sendet Warnsignale: Kopfschmerzen, kalte Hände und Füße, Verdauungsprobleme, Nacken- und Rückenverspannungen, Übelkeit, Atemnot, Herzrhythmusstörungen, Zähneknirschen oder Hautprobleme. Verspürt man diese Warnsignale und können körperliche Gesundheitsstörungen als Ursache ausgeschlossen werden, ist es an der Zeit, sich aktiv um mehr Entspannung zu bemühen. Aber auch starke Gefühlsausbrüche und hohe Reizbarkeit, ein erhöhter Konsum von Alkohol, Zigaretten und anderen Drogen, die Zu- oder Abnahme von Gewicht, Antriebslosigkeit, Sexualstörungen, Konzentrations- oder Schlafprobleme sowie Angst- oder Panikzustände und das Gefühl, sich nicht mehr entspannen zu können, sind ernst zu nehmende Anzeichen für eine Störung des psychophysischen Gleichgewichts. Steht man stark unter Stress, steigt außerdem das Unfallrisiko, man ist weniger leistungsfähig, macht mehr Fehler und fühlt sich häufig unwohl.

Es ist wichtig, mit der eigenen Energie so gut wie möglich zu haushalten und Überbelastungen zu vermeiden. Wie man mit Überforderung fertig wird, kann man lernen.

Quelle: Bundesministerium für Gesundheit. Ratgeber zur Prävention und Gesundheitsförderung. Berlin 2016.

Merkvers

*Textinhalte werden konserviert,
wenn man diese komprimiert.*

5.6 Texte auswendig lernen

*So altmodisch ist Gedichtelernen nämlich nicht!
Gedichtelernen ist ein höherer Lernprozess.*
GERHARD STEINER

Wer etwas auswendig gelernt hat, kann das Gelernte ohne äußere Hilfsmittel aus dem Gedächtnis wörtlich wiedergeben. Auch hierfür empfiehlt sich ein systematisches Vorgehen. Egal, ob ein Gedicht, ein Lied oder eine Theaterrolle verinnerlicht werden soll.

Bevor man mit dem Auswendiglernen beginnt, muss man sich den Text verständlich machen. Wer ihn nicht versteht, tut sich mit dem Verinnerlichen schwer. Zur Erfassung des Textsinns trägt bei, dass man nachschlägt oder nachfragt, was unbekannte Wörter bedeuten. Ebenso wird das Sinnverstehen gefördert, wenn man sich das Geschehen und die im Text vorkommenden Personen vor seinem inneren Auge konkret vorstellt. Darüber hinaus kann man den Textinhalt in Form einer Stichwortkette zusammenfassen.

Nachdem der Textsinn klar ist, liest man den ganzen Text nochmals, und zwar möglichst laut. Beim Lautlesen soll man auch herausfinden, welche Wörter zum Zweck der Verdeutlichung besonders zu betonen sind. Diese unterstreicht man.

Jetzt beginnt das Einprägen. Der erste Arbeitsschritt besteht darin, den Text in verdaubare Portionen zu gliedern. Muss man ein aus zehn Zeilen bestehendes Gedicht lernen, teilt man dieses in fünf, sich reimende Portionen auf:

Zeile 1 + 2   Zeile 3 + 4
Zeile 5 + 6   Zeile 7 + 8
Zeile 9 + 10

Nach der Portionierung lernt man die die Zeilen 1 + 2, bis man sie auswendig aufsagen kann. Danach prägt man sich die Zeilen 3 + 4 ein. Und jetzt versucht man die Zeilen 1- 4 auswendig aufzusagen. Gelingt dies, werden die Zeilen 5 + 6 gelernt. Anschließend beginnt man mit dem Aufsagen der Zeilen 1-6. Dieses systematische Vorgehen wird so lange fortgesetzt, bis man das ganze Gedicht beherrscht.

Wenn das Einprägen da und dort schwierig ist, denkt man sich zu den entsprechenden Passagen und Wörtern einprägsame Bilder aus. Oder man setzt an diesen Stellen bewusst seine Mimik und Gestik ein.

Ist der Text sehr lange, sind nach größeren Abschnitten Lernpausen fällig. Diese verhindern, dass pro- und retroaktive Gedächtnishemmungen auftreten.

Sehr zu empfehlen ist übrigens, im Stehen auswendig zu lernen. In dieser Körperposition fallen einem das Atmen und Sprechen leichter.

Wenn das Auswendiglernen nachmittags oder am Frühabend stattfindet, ist es sinnvoll, vor dem Schlafengehen nochmals eine Lernkontrolle durchzuführen.

Übung

Lernen Sie das folgende Gedicht nach der gerade eben beschriebenen Methode.

Die Uhr zeigt heute keine Zeit

Ich bin so glücklich von deinen Küssen,
Dass alle Dinge es spüren müssen.

Mein Herz in wogender Brust mir liegt,
Wie sich ein Kahn im Schilfe wiegt.

Und fällt auch Regen heut ohne Ende,
Es regnet Blumen in meine Hände.

Die Stund', die so durchs Zimmer geht,
Auf keiner Uhr als Ziffer steht;

Die Uhr zeigt heute keine Zeit,
Sie deutet hinaus in die Ewigkeit.

MAX DAUTHENDEY

Merkvers

*Bevor du etwas lernst auswendig,
verstehe es inwendig.*

5.7 Vortragsinhalte merken

Das Geheimnis einer guten Vortragsvorbereitung ist, ihn nicht Wort für Wort auswendig zu lernen, sondern sich die wesentlichen Schlüsselwörter einzuprägen.
TONY BUZAN

Ein Vortrag ist eine Rede vor einem Publikum. Das Vortragen erzeugt nicht selten Lampenfieber und Kopfzerbrechen. Und zwar vor allem dann, wenn man ohne Gedächtnisstrategie an diese Aufgabe herangeht.

Zunächst ist davon abzuraten, das Problem dadurch zu lösen, dass man den Vortrag weitgehend oder gänzlich vorliest. Dies wird die Zuhörer frustrieren, die allerdings auch nicht erwarten, dass der Vortrag völlig frei gehalten wird. Am besten ist es, man fertigt für den Vortrag eine externe, schriftliche Gedächtnisstütze an. Diese enthält die wichtigsten Kerngedanken in Form eines folgerichtigen Ablaufs. Damit hat man ein Redegerüst, mit dem sich gut vortragen lässt.

Die Kerngedanken kann man auch in Form einer Mind Map zu Papier bringen. Der Vortragende ist damit an kein starres Ablaufschema gebunden und kann die Entwicklung seiner Gedanken dem Augenblick anpassen, auf mögliche Zwischenfragen eingehen oder aktuelle Bezüge herstellen (z. B. zu einem Vorredner), ohne den Faden zu verlieren.

Ein sicheres Vorgehen ist es auch, den schriftlichen Redetext als Stütze zu verwenden. Die Kerngedanken werden markiert und bilden den Leitfaden für den Vortrag. In unsicheren Redephasen kann man auch mal eine Textpassage vorlesen.

Damit der Vortrag gut gelingt, muss er geübt werden – entweder allein oder in Anwesenheit einer vertrauten Person. Apple-Chef Steve

Jobs, der ein glänzender Redner war, trainierte wichtige Vorträge intensiv. Ihre Vorbereitung schloss er erst dann ab, wenn er sie sicher beherrschte.

Zum Vortragserfolg trägt schließlich auch die Beachtung rhetorischer Grundregeln bei:

- Der Vortrag beginnt mit einer kurzen, Aufmerksamkeit weckenden Einleitung. Diese knüpft an das Vorwissen der Zuhörer und vermittelt eine gute Übersicht über das Thema.
- Die Sätze sollen kurz, einfach und klar sein. Der Zuhörer ist kein Leser! Bandwurm-Sätze beeinträchtigen die Konzentration und das Verstehen.
- Hin und wieder sind kleine Pausen notwendig, damit der Hörer das Gehörte einordnen und behalten kann. Den Zeitpunkt kann man im Fließtext oder auf dem Stichwortzettel vermerken. Ausgeteilte Arbeitspapiere, in denen der Platz für eigene Gedanken eingearbeitet wurde, können eine zusätzliche Hilfe bieten.
- Das Verstehen des Redeinhalts kann durch Beispiele und Anschauungshilfen (z. B. Powerpoint-Folien) unterstützt werden.
- Der Vortragende steht mit der Breite des Körpers zum Publikum. Immer wieder nimmt er Blickkontakt zu seinen Zuhörern auf und zwar zu allen! Vor allem in den Übergangsphasen zwischen zwei Hauptgedanken oder an schwer verständlichen Stellen ist dieser Blickkontakt unbedingt nötig.
- Die Stimme ist während des Vortrags betont und deutlich. Heben und Senken der Stimme, aber auch Mimik und Gestik ergänzen das, was gesagt wird.
- Der Schluss der Rede wird angekündigt: »Ich komme zum Schluss ...« Abgeschlossen wird sie durch ein paar zusammenfassende Sätze oder durch eine einprägsame Botschaft.

Übung

Suchen Sie sich ein Thema aus, in dem Sie sich gut auskennen.

Schreiben Sie alles, was Ihnen dazu einfällt, in Form einer Stichwortliste nieder. Gliedern Sie die Stichwortliste in Einleitung, Hauptteil und Schluss.

Halten Sie an Hand der Stichwortliste einen Kurzvortrag, der etwa 15 Minuten dauert.

Merkvers

Der Redner gerät nicht ins Wanken,
dank einer Stütze mit Kerngedanken.

5.8 Wegbeschreibungen merken

Wer kann sich rühmen, sich noch nie auf einer unbekannten Strecke verirrt zu haben? Welcher Autofahrer hatte nicht zumindest einmal in seinem Leben Probleme, sein geparktes Auto wiederzufinden?
BERNARD CROISILE

Trotz elektronischer Navigationshilfen möchten sich viele Menschen mit Hilfe ihres Ortsgedächtnisses orientieren. Der Weg von A nach B soll auf der Grundlage von Vorinformationen gefunden beziehungsweise bewältigt werden. Man schaut sich zuvor eine Karte an oder lässt sich die Route beschreiben.
Wenn man sich mit Hilfe einer Karte oder eines Textes einen Weg merken möchte, vereinfacht man diesen. Zum einen prägt man sich die Richtungen ein. Geradeaus – an der nächsten Ampel links ab – geradeaus – dritte Querstraße rechts … Zum anderen speichert man zusätzlich markante Orientierungspunkte. Beispielsweise einen Einkaufsmarkt, eine Kirche oder eine Brücke. Diese in das Ortsgedächtnis eingegebenen Informationen wiederholt man innerlich. Anschließend überprüft man an Hand der Vorlage, ob die Wiedergabe richtig war.

Im Alltag kommt es auch vor, dass man sich unterwegs den Weg von einer ortskundigen Person beschreiben lässt. Ihr hört man konzentriert zu. Die Beschreibung setzt man simultan in ein Vorstellungsbild um. Anschließend wiederholt man die gemerkte Wegbeschreibung laut und in eigenen Worten.

Übung

Merken Sie sich die Wegbeschreibung zur Firma Weiss mit inneren Bildern und wiederholen Sie das Gemerkte laut. Geben Sie diese dann auswendig wieder.

Nach der ersten Kreuzung rechts

Am Hotel Mercure vorbei

In die Steinstraße links

Nach dem Supermarkt rechts in die Kölner Straße

1km geradeaus

Firma Weiss links

Merkvers

*Dem Merken einer Route
kommen markante Punkte zugute.*

5.9 Termine merken

Natürlich gibt es immer mehr technische »Unterstützung«; doch so manchmal frage ich mich, ob Terminplaner, Notepad, Organizer … tatsächlich so arbeitserleichternd und zeitsparend sind … Benutzen Sie also zumindest zusätzlich zu solchen elektronischen Utensilien Ihr Gehirn!
GUNTHER KARSTEN

Es ist schon eine außergewöhnliche Gedächtnisleistung, wenn man sich die meisten Termine ohne äußere Gedächtnisstützen merken kann. Deshalb ist für die persönliche Zeitplanung ein Terminkalender unverzichtbar. Entweder in Form eines klassischen Terminkalenders oder in Form eines elektronischen Helfers mit Erinnerungsfunktion. Voraussetzung für die Wirksamkeit von Terminkalendern ist, dass darin tatsächlich alle Termine eingetragen sind.

Terminkalender entlasten unser Gedächtnis. Das ist unbestritten. Man sollte sich von ihnen jedoch nicht zu sehr abhängig machen. Es ist gut, wenn man wichtige Termine auch in seinen »Kopf-Kalender« einträgt. Damit sie dort langzeitlich abgespeichert werden, bedarf es einer wirksamen Einprägung. Diese gelingt, wenn man sich nicht nur die Zahlen merkt, sondern aus der Information ein Vorstellungsbild fertigt. Beispiel: Für den Dienstag, 14.6., 11.00 Uhr erhält man einen Termin beim Orthopäden Dr. Müller. Man stellt sich Dr. Müller vor, der einen ins Behandlungszimmer herein bittet und sich nach dem Anlass der Konsultation erkundigt. Um die Speicherung zu optimieren, beschreitet man den sprechmotorischen Weg. Das heißt, man spricht die Termininformation laut aus.

Schließlich kann auch eine Eselsbrücke beim Einprägen eines Termins helfen. Angenommen, man hat am 8. Februar, 8.00 Uhr einen TÜV-Termin (Hauptuntersuchung und Abgasuntersuchung). Ein möglicher Merkspruch lautet: »Hab acht im Februar um acht.«

Übung

Wählen Sie aus Ihrem Kalender besonders wichtige Termine aus, die in den nächsten zwei Wochen auf Sie zukommen. Stellen Sie sich in Ihrer Fantasie die einzelnen Ereignisse vor. Testen Sie anschließend die Erinnerbarkeit.

Merkvers

*Für das Merken eines Termins gilt:
Mach daraus ein Vorstellungsbild.*

5.10 Einkaufslisten merken

Unser Gehirn verhält sich wie eine kleine Diva beim Merken von Gegenständen, Listen oder Aufzählungen.
GUTEN-MORGEN-GAZETTE, 8.10.2016

Das Einkaufen gehört zur Logistik des Alltagslebens. Es gibt Menschen, die vor Beginn der Einkaufstour noch nicht wissen, was in den Warenkorb kommt. Sie wählen erst im Laden das aus, was sie zu brauchen glauben. Andere tun sich mit diesem spontanen Einkaufsstil schwer. Sie erstellen zuvor eine Einkaufsliste und arbeiten diese der Reihe nach ab. Manche so minutiös, dass sie die Liste während des Einkauf immer wieder in die Hand nehmen und den Artikel abhaken.
Wiederum andere stellen zu Hause eine Liste auf, tätigen den Einkauf aber ohne dieses Hilfsmittel, weil sie dessen Gebrauch als zu umständlich empfingen. Die schriftliche Liste dient dann nur noch zur Kontrolle, bevor man sich zur Kasse begibt.

Wer ohne Einkaufszettel einkauft, verlässt sich ganz auf sein Gedächtnis. Dies gelingt, wenn man sich im Kopf eine Einkaufsstruktur parat hat. Sie ist entsprechend zentraler Produktarten organisiert:

Gemüse	Obst
Fleisch	Wurst
Backwaren	Getränke
Körperpflege	

Ebenso gut gelingt das Merken der Einkaufsliste mit Hilfe der Geschichten-Technik. Man erfindet eine Geschichte, in der die Einkaufsposten vorkommen. Auf die Einkaufsliste »Butter- Streichhölzer- Schreibblock – Kräuter« angewandt, könnte die Merkgeschichte lauten:

Eine Kräuterbutter wird durch ein brennendes Streichholz erwärmt. Sie tropft auf einen Schreibblock. Diesen versuche ich mit Servietten zu säubern.

Übung

Merken Sie sich die unten stehende Einkaufsliste. Benutzen Sie hierzu die Geschichtentechnik. Schreiben Sie danach die Artikel aus dem Gedächtnis auf

Tortenboden

Hackfleisch

Pfeffer

Senf

Apfelsaft

Deo

Brot

Merkvers

*Wird aus der Liste eine Geschichte,
macht sie das Behalten selten zunichte.*

5.11 Prüfungsstoff merken

Wenn Sie auf Prüfungen lernen, können Sie sich natürlich auch auf Mnemotechniken stützen.
JOHN B. ARDEN

Der Erwerb von Berechtigungen und Abschlüssen setzt meist das Bestehen von Prüfungen voraus. Der Prüfling muss nachweisen, dass er über entsprechende Kenntnisse verfügt.

Wer Prüfungen bestehen will, sollte sie frühzeitig und gründlich vorbereiten. Dadurch wird übermäßige und unnötige Prüfungsangst von vornherein verhindert. Das Aufschieben der Vorbereitung lässt in der Amygdala, die im Gehirn an der Entstehung von Angstgefühlen wesentlich beteiligt ist, die Alarmglocke läuten. Als Folge davon wird der Stressmechanismus in Gang gesetzt. Dies bedeutet: Es werden Stresshormone ausgeschüttet, die an den Synapsen den Signaltransport beeinträchtigen, was sich in Form von Gedächtnisblockaden äußert.

Wenn man sich einen Überblick über die Prüfungsinhalte verschafft hat, stellt man die Vorbereitungsunterlagen zusammen. Hierzu zählen vor allem Materialien (Bücher, Dateien, Mitschriften, Arbeitsblätter), die prüfungsrelevanten Stoff enthalten. Decken diese den Prüfungsstoff nicht voll ab, müssen weitere Informationen beschafft, gründlich durchgearbeitet und ausgewertet werden.

Auf die Stoffsammlung folgt die Zeitplanung. Es wird festgelegt, welche Stoffeinheiten in welchen Zeitabschnitten bewältigt werden sollen. Wenn sich der Zeitplan als unrealistisch erweisen sollte, muss er geändert werden. Es ist sehr ratsam, am Ende der Vorbereitung genügend Zeit für die Gesamtwiederholung einzuplanen.

Die tägliche Prüfungsvorbereitung darf zeitlich nicht überdehnt werden. Intensive geistige Arbeit ist nur begrenzt möglich. Wichtig dabei ist, dass immer wieder Lernpausen eingelegt und die Stoffgebiete abgewechselt werden, um Gedächtnishemmungen zu vermeiden.

Sehr zu empfehlen sind Vorbereitungsphasen, in denen die Prüfungssituation vorweg genommen und durchgespielt wird. So kann man sich selbst Fragen stellen und diese schriftlich oder laut beantworten. Ebenso zu empfehlen ist die Verwendung von Fragen-, Aufgaben- und Klausursammlungen, die auf den Prüfungsstoff abgestimmt sind. Sie werden im Internet und im Buchhandel zu den verschiedensten Fächern und Fachgebieten angeboten.

Auch Vorbereitungsgruppen (3-5 Teilnehmer) bieten die Möglichkeit, Wissenslücken gemeinsam zu schließen, sich gegenseitig zu prüfen und Ängste zu meistern. Trotz dieser Vorteile gilt die Regel: Zuerst Einzelarbeit, dann Vorbereitungsgruppe.

Hilfreiche Tipps zur Prüfungsvorbereitung sind ferner von ehemaligen Prüflingen zu erhalten. Sie können wichtige Informationen geben zur inhaltlichen Vorbereitung, zur Zeitplanung, zum Verhalten in der Prüfungssituation sowie zu den Eigenheiten von Prüferinnen und Prüfern.

Übung

Angenommen, Sie sind nicht mehr sehr weit von einer Prüfung entfernt. Finden Sie heraus, was Sie in den einzelnen Prüfungsfächern gut beherrschen und wo Sie momentan noch größere Lücken aufweisen. Listen Sie auf, welche Unterlagen Sie für die einzelnen Stoffgebiete brauchen. Schätzen Sie Ihren Zeitbedarf für das Einpauken und Wiederholen ab. Erstellen Sie darauf aufbauend einen Zeitplan.

Merkvers

*Wer mit dem Lernen früh beginnt,
in der Prüfung meist gewinnt.*

5.12 Routinehandlungen merken

*Leider mit Vergesslichkeit
Angefüllt ist dein Gehirne.*
HEINRICH HEINE

Es gibt Handlungen, die sich im Alltag ständig wiederholen. Ihre Ausführung geschieht automatisch. Man nennt sie Routinehandlungen. Zum einen entlasten sie unser Gehirn, zum anderen findet oft keine bewusste Speicherung statt. Letzteres hat zur Folge, dass wir uns bisweilen unsicher sind, ob wir die Routinehandlung tatsächlich durchgeführt haben:

Habe ich die Tür abgeschlossen?

Habe ich das Fenster zugemacht?

Habe ich die Herdplatte ausgeschaltet?

Habe ich mein Medikament eingenommen?

Diese Vergesslichkeiten können zum Problem werden. Beispielsweise dann, wenn man sich auf der Fahrt zum Arbeitsplatz befindet und befürchtet, der nicht mit einer automatischen Ausschaltautomatik ausgestattete Herd könnte noch eingeschaltet sein. Vielleicht ruft man ein Familienmitglied an, das möglicherweise zu Hause ist und bittet es, in der Küche mal nachzuschauen. Ist dies nicht möglich, kann die Furcht zur seelischen Qual werden.

Wer solche Unsicherheiten bewältigen möchte, muss die Routinehandlung merkbar machen. Am naheliegendsten ist es, in der Handlungssituation die Wahrnehmung auf Reize zu richten, die die Aufmerksamkeit wecken. Angenommen, man schließt das Fenster und sieht auf dem Gehweg eine Person mit einem bunten Regencape. Diese Wahrnehmung wird mit der Routinehandlung verknüpft, Falls später beim Erinnern der Routinehandlung eine Unsicherheit auftreten sollte, hilft die Frage, was man sonst noch gesehen hat, weiter.

Das Merken von Routinehandlungen gelingt auch besser, wenn die Ausführung durch inneres oder lautes Sprechen begleitet wird:

»Jetzt habe ich die Morgendosis eingenommen.«

»Die Tür ist jetzt abgeschlossen. Ein Einbrecher wird es schwer haben.«

Eine weitere Merkvariante ist die bewusste Abschlusskontrolle. Nachdem die Handlung beendet ist, wird nochmals eine kleine Überprüfung durchgeführt. Hat man die Herdplatte ausgeschaltet, prüft man, ob das Leuchtsymbol wirklich aus ist.

Wirksam ist es schließlich auch, wenn man die vergessensanfällige Routinehandlung mit einer anderen koppelt. So kann man es sich zur Regel machen, ein verordnetes Medikament immer nach dem Frühstück einzunehmen.

Übung

Falls es bisweilen vorkommt, dass Sie eine Routinehandlung vergessen, bemühen Sie sich um eine gezielte Verhaltensänderung. Wählen Sie einen der obigen Tipps aus und setzen Sie ihn regelmäßig um. Bilanzieren Sie dessen Wirksamkeit nach vier Wochen.

Merkvers

Wird etwas bewusst ausgeführt,
man es später besser memoriert.

5.13 Verlegte Dinge wiederfinden

Der Grund für »verlorene« Gegenstände liegt darin, dass wir im Moment des Ablegens nicht aufmerksam waren.
BORIS NIKOLAI KONRAD

Ein häufiges Alltagsärgernis ist das Verlegen von Dingen wie Hausschlüssel, Autoschlüssel, Brille, Geldbeutel oder Handy. Man weiß nicht mehr, wo sie sich befinden. Es beginnt eine Suchtour, die Zeit und Nerven kostet. Jetzt ist gezieltes und besonnenes Suchen vonnöten.

Wer sich auf die Suchtour begibt, überlegt zuerst einmal, wann und wo man den verlegten Gegenstand zuletzt in der Hand hatte. Diese Situation ruft man bildhaft in Erinnerung. Für den Fall, dass man dasselbe Objekt schon einmal verlegt hatte, ist die Frage nützlich:

»Wo hatte ich es das letzte Mal wiedergefunden?«

Das Problem des Verlegens kann man von vornherein vermeiden, wenn die wichtigen Dinge des Alltags routinemäßig an einem festen Ort abgelegt werden. Handelt es sich um den Schlüsselbund, könnte der ständige Platz die Kommode im Eingangsbereich der Wohnung sein.

Auch das Verlegen wichtiger schriftlicher Unterlagen (Arztrechnung, Gehaltsmitteilung) erzeugt häufig Stress. Wer davon häufig betroffen ist, dem sei das Ablegen in einer Hängeregistratur dringend empfohlen. Diese sollte eine klare Ablagestruktur (Bank, Gehalt, Steuer, Versicherungen etc.) aufweisen. Zu beachten ist, dass das, was man ablegt, in die richtige Mappe einsortiert wird.

Übung

Wenden Sie die Regel, dass wichtige Dinge ihren festen Platz haben, an? Falls nein, sorgen Sie für Abhilfe, indem Sie diese an festen Orten deponieren.

Merkvers

*Wichtiges an festen Orten ablegen
erspart dir ärgerliches Überlegen.*

6. Gesundheit und Gedächtnis

In einem gesunden Körper wohnt ein gesunder Geist.
JUVENAL

Auch das Gedächtnis als geistige Funktion bedarf guter biologischer Grundlagen. Was nützen uns Gedächtnistechniken, wenn das Gehirn durch Bewegungs- und Schlafmangel, schlechte Ernährung und Stress beeinträchtigt wird? Deshalb muss der Hirnbenutzer wissen, wie er die Hardware des Gedächtnisses gesund erhalten und fördern kann.

6.1 Gesunde Ernährung

Aber auch wenn Glucose der Treibstoff Ihres Gehirns ist, ist sie nicht die einzige Zutat, die es benötigt, um in Form zu bleiben.
MATTHEW MACDONALD

Was wir täglich an Nahrung zu uns nehmen, beeinflusst unsere Gehirn- und Gedächtnisleistung (Croisile 2011)). Wichtiger Faktor einer gesunden Ernährung sind Kohlehydrate, die im Körper in Glukose umgewandelt werden. Das Gehirn benötigt von diesem Energielieferanten pro Minute 100 Milligramm. Zum einen kann man ihn in Form von raffiniertem Zucker (z. B. Weißzucker) direkt aufnehmen. Nachteil ist dabei, dass der Blutzuckerspiegel zwar schnell ansteigt, aber aufgrund der prompten Insulinausschüttung auch rasch wieder abfällt, was die Gedächtnisleistung mindert. Deshalb ist es besser, den Energiebedarf durch komplexe Kohlehydrate (Vollkornbrot, Reis, Hülsenfrüchte, Gemüse, Obst) abzudecken. Diese werden im Körper langsamer abgebaut. Somit steigt der Blutzucker langsamer an, und die daraus gewonnene Energie steht dem Gehirn länger zur Verfügung.
Unser Merkorgan ist nicht nur auf eine ausreichende Glukose-Versorgung, sondern auch auf eine insgesamt gehirnfreundliche Ernährung angewiesen. Hierzu gehören:

- hochwertige Eiweiße (z. B. Eier, Quark, Thunfisch, Pute, Hülsenfrüchte)
- Omega-3- und Omega-6-Fettsäuren (fettreicher Fisch, pflanzliche Öle)
- Vitamine A, B1, B2, B3, B9, B12, C, E
- Mineralstoffe wie Calcium, Eisen (Sauerstofftransporteur), Jod, Magnesium, Selen, Zink
- ausreichende Flüssigkeitszufuhr (2 l pro Tag).

Bei der Hirn-Ernährung ist besonders darauf zu achten, dass überschüssige freie Radikale die Nervenzellen nicht schädigen. Diese Gefahr wächst mit dem Älterwerden. Die freien Radikale entstehen als Abbauprodukte unserer Stoffwechselvorgänge. Es handelt sich um aggressive Sauerstoffverbindungen. Mit Antioxidantien kann ihnen entgegengewirkt werden. Wichtige »Radikalfänger« sind die Vitamine A, C und E, das Spurenelement Selen sowie Carotinoide. Letztere sind beispielsweise in Paprika, Tomaten, Karotten und Aprikosen enthalten.

Vorsicht ist übrigens geboten, wenn Nahrungsergänzungsmittel zur Stärkung des Gedächtnisses angeboten werden. Normalerweise sind sie nicht vonnöten. Ist die tägliche Ernährung ausgewogen, erhält der Körper alle erforderlichen Nährstoffe wie zum Beispiel Vitamine, Spurenelemente, Fettsäuren oder Aminosäuren. Eine Ergänzung ist nur bei diagnostizierten Mangelerscheinungen geboten.

6.2 Ausreichend Schlaf

Regelmäßiger, ungestörter Schlaf verbessert das Gedächtnis.
ADRIAN URBAN

Der Schlaf ist ein Zustand verminderten Bewusstseins. Ein Drittel seines Lebens verbringt der Mensch schlafend. Der Schlaf dient der Regeneration von Körper und Gehirn. Ein Schlafzyklus besteht aus drei Schlafphasen:

- Leichtschlaf
- Tiefschlaf
- Traumschlaf.

Während einer Nacht durchläuft man vier bis sechs solcher Schlafzyklen.
Normalerweise braucht man sieben bis acht Stunden, um am nächsten Tag geistig und körperlich fit zu sein. Senioren über 65 Jahre können mit fünf bis sechs Stunden auskommen.

Mangelnder Schlaf beeinträchtigt die Gedächtnisprozesse (Arden 2015). Denn während des Schlafes konsolidieren sich die Gedächtnisinhalte, die man tags zuvor aufgenommen hat. Damit die Gedächtniskonsolidierung nachts ungestört ablaufen kann, sind schlafhygienische Regeln zu beachten:

- Gehen Sie nur dann ins Bett, wenn Sie sich müde fühlen.
- Vermeiden Sie später am Abend üppiges Essen, übemäßigen Alkoholkonsum, Kaffeetrinken und Nikotingenuss.
- Strengen Sie sich abends körperlich nicht zu sehr an.
- Schauen Sie nicht auf die Uhr, wenn Sie nachts wach werden.
- Sorgen Sie im Schlafzimmer für eine gute Abdunkelung.
- Vermeiden Sie zu langes Liegenbleiben am Morgen.
- Beschränken Sie den Mittagsschlaf auf 30 Minuten.

6.3 Sportliche Betätigung

Besser als Rätsel- und Sudokulösen hilft Bewegung die grauen Zellen in Schwung zu halten.
STEVE AYAN

Wer sich regelmäßig bewegt, bleibt körperlich und geistig fit. Letzteres impliziert auch, dass das Gedächtnis gestärkt und das Risiko einer Demenz verringert wird (Suzuki 2016).

Warum ist körperliche Bewegung dem Gehirn so zuträglich? Zuallererst ist die positive Wirkung damit zu erklären, dass das Gehirn besser durchblutet wird. Mit dem Blut gelangen Sauerstoff, Glucose und andere Nährstoffe in die Nervenzellen. Je besser diese versorgt werden, desto wirksamer funktionieren das Merken und Erinnern.

Dank Sport wird auch die Neurogenese (Neubildung von Neuronen) gefördert. Und zwar besonders im Hippocampus, der eine zentrale Rolle beim Einspeichern und Abrufen von Informationen spielt.

Ebenso positiv wird durch Bewegung die Konzentration von Neurotransmittern beeinflusst, insbesondere diejenige von Acetylcholin. Diese Übertragersubstanz ist an der Gedächtnisbildung entscheidend beteiligt.

Hirnförderliche Effekte können außerdem mit leichtem körperlichen Training erzielt werden. Mehrere dreißigminütige Tageseinheiten pro Woche reichen bereits aus. Als Trainingsvarianten bieten sich an:

- Spazierengehen
- Joggen
- Nordic Walking
- Gymnastik
- Schwimmen
- Radfahren
- Tanzen

6.4 Gezielte Entspannung

Man sollte sich Entspannung gönnen. Leistungsfähiger und lebhafter werden wir uns nach einer Ruhepause erheben.
SENECA

Wie bereits aufgezeigt, schadet Stress unserem Gedächtnis (Knab & Förstl, 2008). Sowohl akuter Stress als auch Dauerstress bewirken eine verstärkte Ausschüttung der Hormone Adrenalin, Noradrenalin und Cortisol. In hoher Konzentration behindern sie den Signaltransport im Nervensystem.

Dem Stress kann man durch Entspannungsübungen entgegenwirken. Zum einen bieten sich systematische Verfahren wie die Progressive Muskelentspannung nach Jacobson, das Autogene Training nach Schultz oder die Meditation an. Zum anderen kann man sich durch das regelmäßige Einlegen von Pausen, durch Spaziergänge, durch sportliche Betätigung oder durch musisch-ästhetische Aktivitäten entspannen.

Das Prinzip der Progressiven Muskelentspannung besteht darin, dass wichtige Muskelgruppen kurz angespannt und danach wieder locker gelassen werden sowie die Wahrnehmung auf die dabei auftretenden Empfindungen konzentriert wird (Ohm 2011). Dadurch werden Entspannungsreaktionen in Form von Wärme- und Schweregefühlen erzeugt. Diese werden ans Zwischenhirn weitergemeldet und bewirken im vegetativen Nervensystem eine Umschaltung vom Sympathikus (Beschleuniger) auf den Parasympathikus (Verlangsamer).

Im Autogenen Training ruft man Entspannungsreaktionen durch formelhafte Vorsätze hervor (Grasberger 2015). Zum Beispiel: »Mein rechter Arm ist ganz schwer«. Es ist allerdings nicht so leicht selbstständig erlernbar wie die Progressive Muskelentspannung und sollte eher unter professioneller Leitung angeeignet werden. Autogene Trainingskurse werden von Volkshochschulen und Gesundheitszentren angeboten.

Eine weitere Möglichkeit der Selbstentspannung sind meditative Übungen (Kabat-Zinn / Kierdorf 2015). Das Wort Meditation kommt vom lateinischen meditari (= etwas nachgehen, nachsinnen). Entspannungsmethodisch heißt Meditation, dass man sich auf einen engen inneren oder äußeren Wahrnehmungsausschnitt konzentriert und alle sonstigen Reize ausschaltet. Als Meditationsmittel kommen in Frage äußere oder innere Bilder, Mantras (kraftgeladene Wörter), Kerzenlicht, Musik, der eigene Atem oder Gedichte. Die Grundfigur sieht so aus, dass man still dasitzt, seine Aufmerksamkeit eine Zeitlang ganz dem Meditationsmittel schenkt und nach der Übung sich wieder durch Strecken und Recken zurücknimmt.

Wenn man verschiedene Entspannungsübungen ausprobiert hat, wird bald klar, was einem persönlich besonders liegt. Es ist gut, die Lieblingsübungen täglich anzuwenden. Möglichst immer dann, wenn man angespannt ist und sich gestresst fühlt.

Übungen

Entspannungsverfahren können in Form von Kurzübungen praktiziert werden, die nur wenige Minuten dauern. Im Folgenden werden ein paar Übungsformen aufgezeigt:

Progressive Muskelentspannung nach Jacobson (Kurzform)

- Setzen Sie sich bequem hin mit leicht abgewinkelten Armen und locker aufliegenden Handgelenken.
- Spannen Sie jede der folgenden Muskelgruppen zunächst 5-10 Sekunden deutlich spürbar an und lockern Sie diese anschließend wieder.
- Halten Sie während der Anspannungsphase den Atem möglichst nicht an.
- Legen Sie zwischen den Einzelübungen eine Ruhepause von etwa einer halben Minute ein.
- Konzentrieren Sie sich während der Ruhepause auf die Empfindungen im zuvor angespannten Muskel.

rechte Hand	zur Faust ballen
linke Hand	zur Faust ballen
rechter Bizeps	anspannen
linker Bizeps	anspannen
Schultern	soweit wie möglich nach oben ziehen
Nacken	Kinn gegen das Brustbein drücken

Stirn	Augenbrauen nach oben ziehen und Stirn runzeln
Augen	Augen zusammenkneifen
Mund	Lippen zusammenpressen
Brustkorb	tief einatmen, Luft anhalten, langsam ausatmen
Rücken	Hohlkreuz
Bauch	Bauchdecke fest zusammenziehen
Oberschenkel	die Knie gegeneinander drücken
rechte Wade	rechtes Bein ausstrecken und die Ferse fest in den Boden drücken
linke Wade	linkes Bein ausstrecken und die Ferse fest in den Boden drücken
rechter Fuß	den rechten Fuß strecken und dabei die Zehen beugen
linker Fuß	den linken Fuß strecken und dabei die Zehen beugen

Dünung des Meeres

- Atmen Sie bei geschlossenen Augen tief ein und aus.
- Stellen Sie sich vor, dass Sie beim Einatmen von der Dünung des Meeres gehoben und beim Ausatmen gesenkt werden.

Inneren Druck loswerden

- Setzen Sie sich entspannt hin.
- Lassen Sie die Schultern locker hängen.
- Schließen Sie die Augen.
- Atmen Sie tief ein, halten Sie den Atem an und atmen Sie erleichtert aus.
- Stellen Sie sich vor, dass Sie beim Ausatmen inneren Druck loswerden.

Belastungen abschütteln

- Sie stehen aufrecht mit leicht gespreizten Beinen.
- Nun beginnen Sie den ganzen Körper, besonders Arme und Beine, zu schütteln.
- Alle Belastungen dürfen abgeschüttelt werden.

Den Atem spüren

- Sitzen Sie, den Kopf leicht nach vorn geneigt.
- Legen Sie die Hände auf den Bauch.
- Lassen Sie die Hände in Übereinstimmung mit Ihrem Atem auf- und absinken.
- Genießen Sie das langsame Fließen Ihres Atemstroms.

Die Atemzüge zählen

- Schließen Sie die Augen.
- Atmen Sie tief ein und aus und zählen Sie dabei ihre Atemzüge.
- Beim Einatmen 1, beim Ausatmen 2.
- Zählen Sie bis 10, dann fangen Sie wieder bei 1 an.

Droschkenkutscher (Sitzen)

- Setzen Sie sich und lehnen Sie sich nicht an.
- Ihre Füße stehen im rechten Winkel mit spürbarem Kontakt auf dem Boden.
- Lege Sie ihre Hände locker auf die Oberschenkel.
- Schließen Sie die Augen.
- Beugen Sie ihren Kopf leicht nach vorn.

Droschkenkutscher (Stehen)

- Stellen Sie sich mit schulterbreit gegrätschten Füßen hin.
- Fühlen Sie bewusst Ihren Körper.
- Lassen Sie aus den Muskeln Spannung heraus.
- Alles Gewicht ruht auf Ihren Füßen.
- Fühlen Sie sich doppelt so schwer wie sonst.

Achtsamkeitsübung

Ein Zenmeister wurde einmal gefragt, warum er so gesammelt sein kann. Seine Antwort lautete:

»Wenn ich stehe, dann stehe ich. Wenn ich gehe, dann gehe ich. Wenn ich sitze, dann sitze ich. Wenn ich esse, dann esse ich. Die Frager sagten: »Das tun wir doch auch.« »Nein«, sagte der Zenmeister, »wenn ihr sitzt, dann steht ihr schon, wenn ihr steht, dann geht ihr schon, wenn ihr geht, dann seid Ihr schon am Ziel.«

Daraus folgt, dass Sie sich auch dadurch entspannen können, indem Sie sich auf das, was Sie augenblicklich tun, ganz bewusst konzentrieren.

Weiterführende Übungsliteratur

Grasberger, D. (2015). Autogenes Training – mit CD (3. Aufl.). München: Gräfe und Unzer.

Kabat-Zinn, J./Kierdorf, T. (2015). Im Alltag Ruhe finden. Meditationen für ein gelassenes Leben. München: Droemer Knaur.

Ohm, D. (2011). Stressfrei durch Progressive Relaxation (Buch und CD). Mehr Gelassenheit durch Tiefmuskel-Entspannung nach Jacobson (2. Aufl.). Stuttgart: Trias.

7. Zehn wirksame Gedächtnistipps

Auf dem Weg zum Erfolg lohnt die kluge Wahl der Trainings-Methode.
KARLHEINZ KARIUS

Gedächtnistrainings sind nicht nur entwickelt und erprobt, sondern auch immer wieder auf ihren Erfolg kontrolliert worden. Dabei ging es immer um die Frage, ob die Aneignung von Gedächtnistechniken tatsächlich eine Verbesserung der Gedächtnisleistung bewirkt. In vielen Studien konnte ihre Wirksamkeit nachgewiesen werden. Aus ihnen lassen sich zehn besonders nützliche Tipps ableiten:

1. Seien Sie konzentriert, wenn Sie sich etwas merken möchten. Tun sie nicht mehrere Dinge gleichzeitig.

2. Benutzen Sie beim Einprägen mehrere Sinneskanäle. Somit wird der Gedächtnisinhalt besser verankert und vernetzt.

3. Verbinden Sie neues mit bereits gespeichertem Wissen.

4. Erweisen sich Begriffe als schwer merkbar, wandeln Sie diese in bildhafte Vorstellungen, Merkgeschichten oder Merkverse um.

5. Verknüpfen Sie trockene Informationen mit Gefühlen, die ein inneres Bild auslösen.

6. Legen Sie Pausen ein, wenn Sie viel Merkstoff ins Gedächtnis aufnehmen müssen.

7. Verstärken Sie neue Gedächtnisinhalte durch Übung und Wiederholung.

8. Strukturieren Sie das Gedächtnismaterial, indem Sie es gliedern, gruppieren oder in Form von Mind Maps skizzieren.

9. Unterstützen Sie das Merken von Textinhalten durch Unterstreichen, Markieren mit dem Leuchtmarker und Herausschreiben von Schlüsselwörtern.

10. Erleichtern Sie das Erinnern durch Abrufhilfen, indem Sie in Gedanken die Merksituation wiederherstellen oder nach dem Anfangsbuchstaben des Zielwortes suchen.

8. Mein Änderungsprogramm

Eigentlich bin ich ganz anders, nur komme ich selten dazu.
ÖDÖN VON HORVATH

Sie wissen jetzt, was Sie wie verändern möchten. Tragen Sie die Änderungsziele (Was) und die Änderungswege (Wie) unten in die entsprechenden Spalten ein.

Beispiel:

Was	Wie
Besseres Namenmerken	Namen laut wiederholen. Namen mit markanten Merkmalen der Person verknüpfen
Was ich ändern möchte?	Wie ich es ändern möchte?

9. Erfolgskontrolle

Alle gut verfolgten Dinge hatten bisher Erfolg.
FRIEDRICH NIETZSCHE

Sechs Wochen, nachdem Sie begonnen haben, Ihre Gedächtnistechnik zu verändern, sollten Sie eine erste Änderungsbilanz durchführen. Nehmen Sie Ihr Änderungsprogramm zur Hand und beantworten Sie folgende Bilanzfragen:

- Was habe ich umgesetzt?
- Wo hat sich meine Gedächtnisleistung positiv verändert?
- Wo hat es keine Fortschritte gegeben?
- Was müsste ich in nächster Zeit verändern?

Darüber hinaus sollten Sie sich mit dem Analysebogen (s. Kapitel 2), den Sie im Rahmen Ihrer Bestandsaufnahme beantwortet haben, nochmals beurteilen (s. u.).

Wenn Sie diese Prozedur beendet haben, vergleichen Sie Ihre damaligen Resultate mit den jetzigen, und zwar sowohl in Bezug auf die 15 Aussagen als auch hinsichtlich des Gesamtergebnisses.

Kreuzen Sie an, in welchem Ausmaß die 15 Aussagen aktuell auf Sie zutreffen. Sie haben jeweils vier Antwortalternativen:

4 = Die Aussage trifft auf Sie sehr oft zu.

3 = Die Aussage trifft auf Sie oft zu.

2 = Die Aussage trifft auf Sie manchmal zu.

1 = Die Aussage trifft auf Sie selten zu.

		Sehr oft	oft	manchmal	selten
1.	Ich habe Schwierigkeiten mit dem Erinnern von Passwörtern.	4	3	2	1
2.	Mein Gedächtnis ist in Stresssituationen störanfällig.	4	3	2	1
3.	Ich vergesse Termine.	4	3	2	1
4.	Es fällt mir schwer, den Inhalt eines Textes zu merken.	4	3	2	1
5.	Ich kann Wegbeschreibungen nicht behalten.	4	3	2	1
6.	Ich vergesse, wo ich Dinge abgelegt habe.	4	3	2	1
7.	Ich suche nach Wörtern, die mir auf der Zunge liegen.	4	3	2	1
8.	Ich brauche lange, bis ich ein Gedicht auswendig aufsagen kann.	4	3	2	1
9.	Es kommt vor, dass mir ein Name nicht einfällt.	4	3	2	1
10.	Ich muss mich vergewissern, ob ich die Herdplatte ausgeschaltet habe.	4	3	2	1

11.	Beim Lernen von Vokabeln lässt mein Gedächtnis zu wünschen übrig.	4	3	2	1
12.	Es kann passieren, dass ich nicht weiß, was ich tun wollte.	4	3	2	1
13.	Das Einprägen von Fachbegriffen ist für mich ein Problem.	4	3	2	1
14.	Ich neige dazu, Vorträge aus Furcht vor Gedächtnisblockaden abzulesen.	4	3	2	1
15.	Mit dem Einprägen von Einkaufslisten tue ich mich schwer.	4	3	2	1

Addieren Sie die angekreuzten Zahlen.
Der Maximalwert beträgt 60 und der Minimalwert 15.
Tragen Sie Ihr Ergebnis in die folgende Skala ein.

15   20   25   30   35   40   45   50   55   60

Aufbauend auf dem Vorher-Nachher-Vergleich können Sie erneut Änderungsziele formulieren und alltagspraktisch umsetzen. Eine weitere Erfolgskontrolle empfiehlt sich nach 12 Wochen.

10. Glossar

Alzheimer Erkrankung. Neurodegenerative Hirnkrankheit, die von fortschreitendem Gedächtnisverlust geprägt ist.

Amygdala. Mandelförmiger Teil des limbischen Systems, wo neue Informationen emotional eingefärbt werden.

Assoziation. Verknüpfung von Sinneseindrücken, Vorstellungen, Gedanken und Begriffen. Der Assoziationsvorgang verläuft nach Gesetzmäßigkeiten wie raum-zeitliche Nähe, Ähnlichkeit und Gegensatz. Sind zwei Bewusstseinsinhalte miteinander verknüpft, rufen sie sich später wechselseitig in Erinnerung.

Aufmerksamkeit ist ein Zustand verstärkter Wachheit. Es handelt sich um die Fähigkeit, die Sinnesorgane bewusst auf einen Reiz auszurichten. Wie mit einem Scheinwerfer lässt sie einen bestimmten Ausschnitt des Wahrnehmungsfeldes aufleuchten und blendet andere aus.

Externe Gedächtnishilfen. Hilfsmittel, mit denen Gedächtnisinhalte außerhalb des Gehirns gespeichert werden. Unterschieden wird zwischen nichtelektronischen (z. B. Notizbuch) und elektronischen Hilfen (z. B. Smartphone).

Freie Radikale. Aggressive und reaktionsfreudige Sauerstoffverbindungen, denen ein Elektron fehlt. Sie können den Nervenzellen Schaden zufügen und damit die Gedächtnisleistung beeinträchtigen.

Gedächtnis. Fähigkeit des Gehirns, Informationen zu speichern und später abzurufen oder wiederzuerkennen. Dabei unterscheidet man zwischen dem sensorischen Gedächtnis, Kurzzeitgedächtnis (auch

Arbeitsgedächtnis) und Langzeitgedächtnis. Dauerhaft behalten und mit vorhandenem Wissen verknüpft werden die Informationen nur im Langzeitgedächtnis.

Gedächtnis, deklaratives. Gedächtnis für persönlich erfahrene Ereignisse und Faktenwissen.

Gedächtnis, prozedurales. Gedächtnis für Fertigkeiten.

Gedächtnishemmungen. Schwierigkeiten, die beim Einprägen und Abrufen von Lernstoff auftreten. Häufig werden sie dadurch verursacht, dass Hirnprozesse aufgrund der zeitlichen und inhaltlichen Nähe von Gedächtnisinhalten oder durch starke Affekte beeinträchtigt werden.

Gedächtnistechniken. Fertigkeiten, die das Speichern und Abrufen von Informationen erleichtern. Besonders wirksam sind: Assoziieren, Strukturieren sowie mehrkanaliges Codieren.

Gehirn. Unterhalb der Schädeldecke gelegene komplexe Ansammlung von Nervenzellen. Das Gehirn wiegt durchschnittlich 1400g und setzt sich zusammen aus dem Stammhirn (Steuerung der Körperfunktionen, Sitz der Instinkte), dem Kleinhirn (Bewegungskoordination) und dem Großhirn (Zentrum für Informationsverarbeitung und Handlungen). Dieser entwicklungsgeschichtlich jüngste Teil des Gehirns überdeckt alle darunter liegenden Gehirnabschnitte und besteht aus zwei Halbkugeln (Hemisphären). Im Großhirn befinden sich 100 Milliarden Nervenzellen, von denen jede mit 10000 anderen verknüpft ist. Es ist Sitz des Bewusstseins und aller geistigen und seelischen Funktionen.

Hippocampus. Teil des limbischen Systems, der für das Speichern und Abrufen von Langzeiterinnerungen sowie für die räumliche Orientierung wichtig ist.

Konzentration ist eine gesteigerte Form von Aufmerksamkeit. Sie erfordert willentliche Anstrengung und lässt mit der Zeit nach.

Langzeitpotenzierung. Mechanismus der Gedächtniskonsolidierung durch langfristige molekulare Veränderungen an den Synapsen.

Mind Mapping. Strategie zum Erschließen und Gliedern von Wissen. Man beginnt in der Mitte eines Blattes mit dem Thema und verzweigt die hierzu assoziierten Ideen und Begriffe baumartig nach außen. Die daraus entstehende Struktur wird Mind Map genannt.

Neuron (Nervenzelle). Elementarste Einheit des Nervensystems. Das Neuron empfängt, verarbeitet und leitet Informationen weiter.

Neurotransmitter. Chemischer Botenstoff, der an einer Synapse abgesondert wird, um Informationen von Neuron zu Neuron zu übertragen.

Sinneskanäle. Der erste Zugang zu einem Lerninhalt erfolgt über die Sinnesorgane. Von dort werden die Informationen über die Sinneskanäle zu den Gehirnzentren weitergeleitet.

Synapse. Verknüpfungsstelle zwischen zwei Neuronen. Der zwischen ihnen liegende Spalt wird durch die Ausschüttung von Neurotransmittern überbrückt.

Vergessenskurve. Der Gedächtnisforscher Hermann Ebbinghaus fand heraus, dass Lernstoff in der ersten Zeit nach der Aneignung zunächst rasch und dann immer langsamer vergessen wird. Die Vergessenskurve zeigt die Menge des erinnerten Lernstoffs in Abhängigkeit von der Zeit.

11. Internetadressen

www.ahano.de
Internetportal für alle über 50, Wissen über das Gedächtnis, Übungen zum Gehirnjogging und zur Gedächtnisstärkung

www.brainboard.eu
Forum rund um die geistige Leistungsfähigkeit: Gedächtnis, Lernen, Intelligenz

www.brain-fit.com
Informationen und Übungen zum Gehirnjogging, Lernen lernen und Gedächtnistraining

www.bvgt.de
Informationen des Bundesverbands Gedächtnistraining e. V. über Kursangebote, Seminare und Workshops zum Thema Gedächtnistraining sowie über Aus- und Fortbildungen von Gedächtnistrainern

www.dasgehirn.info
Größtes deutschsprachiges Portal zum Gehirn mit verständlichen Informationen; Videos, Animationen, interaktive Grafiken und ein begehbares 3D-Gehirn

www.deutsche-alzheimer.de
Informationen der Deutschen Alzheimer Gesellschaft e. V. rund um das Thema Alzheimer-Krankheit und andere Demenzformen

www.gedächtnisonline.de
Gedächtnis-Check, Gedächtnis-Wissen, Gedächtnistipps, Aufklärung über ärztliche Hilfe bei Gedächtnisstörungen

www.memomasters.de
Informationen über die Deutschen Gedächtnismeisterschaften und Memo Open

www.memorise.org
memory Gym, memory Lessons, memory Training

www.memoryxl.de
Europäische Gesellschaft zur Förderung des Gedächtnisses e.V., Gedächtnistraining mit Mnemotechniken.

www.worldmemorychampionships.com
The official website for the world's greatest test of memory

12. Literatur

Arden, J. B. (2015). Gedächtnistraining für Dummies (2. Aufl.). Weinheim: Wiley-VCH.
Baddely, A. D. (1990). So denkt der Mensch. Unser Gedächtnis und wie es funktioniert. München: Droemer Knaur.
Bien, U. (2015). Einfach. Alles. Merken. Das perfekte Gedächtnistraining. Geniale Merktechniken (3. Aufl.). Hannover: Humboldt.
Buzan, T. (2016). Nichts vergessen! Kopftraining für ein Supergedächtnis. München: Goldmann.
Carter, R., Aldridge, S., Page, M. & Parker, S. (2010). Das Gehirn. München: Dorling Kindersley.
Croisile, B. (2011). Unser Gedächtnis. Erinnern und Vergessen (2. Aufl.). Darmstadt: Wissenschaftliche Buchgesellschaft.
Ebbinghaus, H. (2011). Über das Gedächtnis. Untersuchungen zur experimentellen Psychologie (1. Aufl. 1885). Leipzig: Duncker & Humblot.
Foster, J. K. (2014). Gedächtnis und Gehirn. Stuttgart: Reclam.
Gluck, M. A., Mercado, E. & Myers, C. E. (2010). Lernen und Gedächtnis. Vom Gehirn zum Verhalten. Heidelberg: Spektrum Akademischer Verlag.
Gruber, T. (2012). Gedächtnis (2. Aufl.). Wiesbaden: Verlag für Sozialwissenschaften.
Güntürkün, O. (2012). Biologische Psychologie. Göttingen: Hogrefe.
Hofmann, J. & Engelkamp, J. (2016). Lern- und Gedächtnispsychologie. Berlin, Heidelberg: Springer.
Kandel, E. (2014). Auf der Suche nach dem Gedächtnis. Die Entstehung einer neuen Wissenschaft des Geistes (2. Aufl.). München: Goldmann.
Karsten, G. (2007). Lernen wie ein Weltmeister. Zahlen, Fakten. Vokabeln schneller und effektiver lernen (7. Aufl.). München: Goldmann.
Karsten, G. (2012). Erfolgsgedächtnis. Wie Sie sich Zahlen, Namen,

Fakten, Vokabeln einfach besser merken können (10. Aufl.). München: Goldmann.

Kasten, E. (2016). Lesen, merken und erinnern. Übungen für Vergessliche und Ratschläge für Angehörige und Therapeuten (6. Aufl.). Dortmund: Borgmann.

Knab, B. (2009). Das Gedächtnis – die etwas andere Gebrauchsanweisung. Freiburg im Breisgau: Herder.

Knab, B. & Förstl, H. (2008). 99 Tatsachen über Ihr Gedächtnis. Stuttgart: Trias.

Konrad, B. N. (2013). Superhirn. Gedächtnistraining mit einem Weltmeister. Berlin: Goldegg.

Konzentration und Gedächtnis (2013). Wie sie funktionieren. Wie man sie stärkt. Gehirn und Geist Basiswissen, Heft 1.

Kürsteiner, P. (2016). Gedächtnistraining (7. Aufl.). München: Redline.

Leitner, S. (2011). So lernt man lernen. Der Weg zum Erfolg (18. Aufl.). Hamburg: Nikol.

Markowitsch, H.-J. (2009). Dem Gedächtnis auf der Spur. Vom Erinnern und Vergessen (3. Aufl.). Darmstadt: Wissenschaftliche Buchgesellschaft.

Metzig, W. & Schuster, M. (2016). Lernen zu lernen. Lernstrategien wirkungsvoll einsetzen (9. Aufl.). Berlin, Heidelberg: Springer.

Michelon, P. (2012). Gedächtnistraining. Das Fitnessprogramm mit 200 Übungen. München: Dorling Kindersley.

Myers, D. G. (2014). Psychologie (3. Aufl.). Berlin, Heidelberg: Springer.

Parkin, A. J. (1999). Erinnern und Vergessen. Wie das Gedächtnis funktioniert – und was man bei Gedächtnisstörungen tun kann. Bern: Huber 1999.

Schneider, S. & Hitzig, P. (2011). Das Business-Gedächtnistraining. Merkstrategien für den beruflichen Erfolg. Hannover: Humboldt.

Stenger, C. (2016). Lassen Sie Ihr Hirn nicht unbeaufsichtigt! Gebrauchsanweisungen für Ihren Kopf – Neues von der Gedächtniskünstlerin. München: Goldmann.

Suzuki, W. (2016). Fittes Gehirn Erfülltes Leben. Mit neuesten Erkenntnissen der Neurowissenschaften. München: Goldmann.
Tiefenbacher, A. & Neuburger, R. (2011). Das große Buch der Gedächtnistechniken. München: Compact.
Urban, A. (2012). Ein besseres Gedächtnis für Dummies. Weinheim: Wiley-VCH.
Voigt, U. (2001). Esels Welt. Mnemotechnik zwischen Simonides und Harry Lorayne. Hamburg: Likanas.

13. Lösungen

Übung, Kapitel 3

1B

2C

3B

4A

5B

6A

7C

8B

9C

10A

11B

12C

13B

14A

15C

16A

17A

18C

19A

20B

Lösungen

Übung, Kapitel 4.1

```
a m t l z y n q e b f w u l w b r f a q v j n e y m rs d b
s de i w e d r h v gr n b y x f j p v r a q u m m u s z g
r n y g o r g c u t b j n q t w z f j i b g c ef j a o d n
m a l i u a s c h e i n w e l t f e i n ij r d f n a z u b
k n o t e n b bc l i h b r k z t l h g t h a l a m s ab k
o p t z d o c h a t r b o l d s a m m e z o k y l n k a t h
z o r l i m k o z t a k q i g t l m i m m e u a a r q e u f
n w v i z n a u x t k vw a k m e i o r l a e n s x w i w b
l o g e n p l r a z f rj o t y d h m w c g l q u w v a h m
s x c r g p j n t s l t w de z b y v p m w x h d n pq e j
z u w t p l g c p b r c e k f p v z o r x i m y a f st b d
b m t pq o f r n l w n u z c u r x i f k g r n s g t d f u
s k m x n a t p h e k b x g v l z n i m p h u x k s d uv h
a w e n x r e i cd g i m i u n r m o h e b n e t o i h g l
yz r b o c u e h m k e a s g n bc a t r d b g f r i k m w
k s d p m h q y a k z i s r e q e i g c j o z st b v d u w
m z yz n d u f h a u g c h b i c j n o a c k de m f o g n
h u p i g j t b s r z w g s r c u j v l y c g m t xy e g n
f o d l r w m x j m z k p d g t b n h j w j g u a y l w a m
fg z r o h a l j l x d n g p u c k r o b r q i w r j a b a
n a s m z g s u fg op b g k w t n p d n z d m t b k u w x
x d u y h z e g l d f t z i w a c k x f h p z gh f d k r g
o q t n x m y u o z d r k w r g t c i kl v f j m x n d h e
r b q p e r q c h i t k x m v z g u k o d t r b w j yz v g
s n h t m e q g o z b r m u w n bc c h w i z j b m x r q f
s i r p vw c z k j o g y a k w f n l x g z u d s l w h r o
v x k a l e c k m i c h fg a m a r t d l x c s r e k y f s
a gh z i b o g u x j v d z e n h w ij t f e m g s z t k l
pq m o r t w n f q l r g b q p b j a m d x n z h k r d t s
a h x v e u p z n t m h b p i r b z l h gh a g e d u r a u
u t h c f s e r w a d t w y t d l u de m f a o u b r a c h
g w m p z p o d w f v k x b z d c a q j n m i xy v e b l g
```